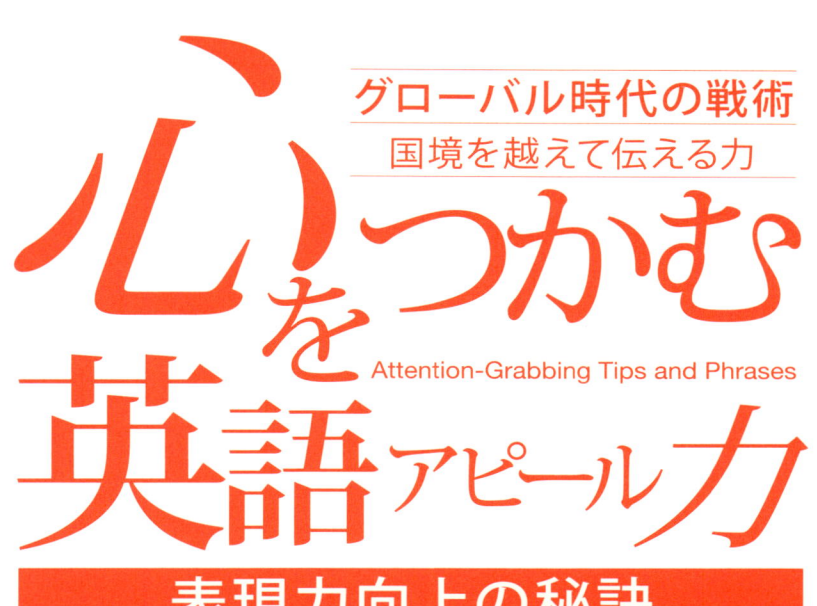

グローバル時代の戦術
国境を越えて伝える力

心をつかむ英語アピール力

Attention-Grabbing Tips and Phrases

表現力向上の秘訣

寺澤 惠　井上 多惠子

税務経理協会

はじめに

「英語でアピールする力」を身に付ける入門書として,『英文自己ＰＲと推薦状〜磨こう！自己アピール力〜』を2003年に出版してから７年が経ちました。その間にも，グローバル化は一層進展し，今日では，**多様な人々に対して自己アピール力を持つことが不可欠**になっています。謙遜を重んじる日本の文化に馴染みがなかった「アピール」という言葉も，頻繁に見聞きするようになりました。

実は，英語の appeal という言葉は，日本で使われている「アピール」とは，用途が異なります。Appeal は，協力や同情などを求める場合などに使われ，「アピール」のように，強みなどを知ってもらうという意味では使われません。「アピール」が和製英語として英語の appeal と異なる意味で定着しているのは，謙遜と相対する新しい概念を言い表すのにぴったりくる日本語がなかったからなのかも知れません。

人であれ，商品やサービスであれ，良いものを相手が理解できる形でアピールし，キャリアアップ（より良い職に就くこと）や，販売拡大などのチャンスを手にするためには，グローバル社会の行動様式や態度を知ることが必要です。そこで本書では，筆者や知人の豊富な実践経験に基づき，**日本人とは異なる考え方・価値観・習慣を持つ人たちと接する際に必要な心構え**を整理しました。

心構えの次に大事なのは，グローバルなコミュニケーションのツール（道具）としての英語です。筆者の勤め先でも，会議・プレ

ゼンテーション（人前での説明）・e-mail・報告書・ウエブページなどで，英語の用途が高まっています。こういった業務面でのニーズ（必要性）を受け，TOEICの点数を昇格の条件にする企業も増えてきています。

　一方で，「会議やプレゼンテーションや会話」の場面を中心に，英語に対する苦手意識を日本人が持っていることも事実です。　筆者は，文法重視の英語教育が，英語を自然な形で使用することを妨げているのではないかと感じています。「ここでは不定詞を使うといいのだろうか，それとも動名詞を使うほうが適切なのだろうか？」などと考えていては，円滑な会話はできません。

　その観点から，本書では，**実際に業務や日常生活で「使える」表現を身に付けてもらえるよう**，工夫を凝らしました。まず，1999年に創業しました「英文履歴書コンサルタント　レジュメプロ」http://www31.ocn.ne.jp/~resume での業務（英文履歴書などの作成コンサルテーション）や関連書籍の執筆で蓄積したノウハウ（コツ）と，欧米のメディアや企業での活用例を基に，「**アピール力のある表現例**」を幅広く取り上げました。

　そして，読者の方が自らアピール力のある英文を作成し，それらを組み合わせて，面接・販売などの特定の場面や，e-mail・ツイッター（Twitter）といった特定のコミュニケーション用（伝達用）の媒体で効果的にアピールできるよう，**作成のためのステップ（手順）と，それぞれの場面や媒体に応じた英語表現例と留意点を紹介して**います。

　ぜひ本書を参考にしながら，実際に文章を作成してみてください。そして，効果的な文章になっているかどうか，知り合いの方から**フィードバック（意見）を受ける**ようにしてください。そうするこ

はじめに

とで，上達が速まります。
　グローバル社会で夢や目標を実現する手助けとして，本書が役立つことを心より願っています。

2010年6月吉日

寺　澤　　　惠
井　上　多恵子

本書の特徴

　本書は何よりも実践的であること，つまり読んで終わりではなく，本書で得たことを実際に活用して，目標達成に役立てていただくことを狙っています。そのために，読んで得た情報を基に実際に練習をしていただくワーク（作業）を随所に入れました。主な特徴を列記します。

■ 目標の設定

　学ぶ目的と用途を明確にしているのといないのとでは，学ぶ原動力に大きな差が出ます。そこで，なぜアピール力を身につけたいのか，そして，アピール力を身につけて何をグローバル社会で実現したいのかということを考えていただけるようにしました。

■ グローバル社会での心構え5か条の確認

　海外駐在・在学，レジュメ（英文履歴書）や英文推薦状の作成代行などの業務経験に基づいて，グローバル社会で求められる心構えを5か条にまとめ，それらを実践していただくための行動表と，確認表を掲載しています。

■ 使える英語表現の学習

　会話・会議・面接・販売などの場面や，レジュメ・昇進試験のための書類を書く際に，アピール効果の高い重要な表現を使っていただけるよう，平易な文例の基本形と，基本形の中の単語を一部置き換えた複数の文例を紹介しています。また，これらの英語表現を用いて，例文を作っていただく練習も入れています。

■ アピールする英文の作成

　実績・貢献・商品やサービスのメリット（長所）など，何をアピールするのかという目的別に，英文を作成する際の留意点を，**改善のステップ（手順）**を追いながら具体的に学んでいただけるようにしています。

■ 場面別と，発信ツール別英語表現の学習

　個別の英文を覚えただけでは，会話を円滑に続けたり，また，文をつなぎ合わせてメッセージを伝える文章にしたりすることが難しいです。**e-mail**やツイッター（Twitter）など，コミュニケーション・ツール（伝達の道具）も多岐にわたっている今日，発信ツールに応じた効果的な書き方を知りたいという方も増えています。

　そこで，面談・面接・販売などの**場面**や，**発信ツール**に応じた**英語表現**を学ぶことで，実践力の向上につなげていただけるようにしました。

目　次

はじめに

本書の特徴

第Ⅰ部　グローバル社会でアピールするための心構え

第1章　ゴールの設定································ 3
- **1**　目的の確認································ 3
- **2**　目指したい姿の設定······················· 4
- **3**　目標の設定······························· 7

第2章　心構え　5か条···························· 9
- **1**　はじめに································ 9
- **2**　第1条　何を誰に伝えるのかを考える······10
  1. テーマと伝える相手を絞り込む··········10
  2. 相手にとって，関心がある内容にする····11
  3. 相手にとって，利点がある内容にする····13
  4. 謙遜せずに，事実を伝える··············14
  5. 実際にやったことを伝える··············15
- **3**　第2条　相手に伝わる内容にする··········16

1	事実を定量的または，具体的な例を使って伝える	16
2	主語を明確にする	18
3	わかりやすい構成で伝える	19

4　第3条　伝える努力をする …………………………………21

5　第4条　心に響く伝え方をする ……………………………23

1	通訳に全てを頼らない	23
2	冒頭だけでも，相手の国の言葉で伝える	24
3	相手を見て話をする	24
4	力強く，伝える	25
5	実力以下の英語に聞こえないようにする	27

6　第5条　意識をして練習をする ……………………………28

第Ⅱ部　アピール力のある英語表現（短文）

第1章　英語表現を学ぶにあたって …………………………35

1　はじめに ………………………………………………………35

2　用途と学び方 …………………………………………………35

3　参考エピソード ………………………………………………37

第2章　英語表現 ………………………………………………41

1　はじめに ………………………………………………………41

2　英語表現例の一覧 ……………………………………………42

3　各表現についての説明と練習 ………………………………53

　　　　　　　　　　　　　　　　　　　　　　目　　次

　④　その他の英語表現の一覧 …………………………………94

第Ⅲ部　アピール力のある英文

第1章　発信ツールに応じた効果的な書き方 …………105
　①　はじめに ………………………………………………………105
　②　効果的な e-mail の書き方 …………………………………106
　③　ツイッターでの効果的なメッセージの書き方 …………110
　④　効果的なSNSの書き方
　　　　―LinkedIn® professional networking services ……114
　⑤　その他の発信ツールでの効果的な書き方 ………………117

第2章　アピール力のある文例―作成方法― …………119
　①　はじめに ………………………………………………………119
　②　人や組織の実績をアピールする文 ………………………120
　③　人や組織の貢献の可能性をアピールする文 ……………137
　④　商品やサービスの効果や役立ち度をアピールする文 …146
　⑤　第2章についての振り返りと次章について ……………153

第3章　アピール力のある英語表現―場面別― ………155
　①　はじめに ………………………………………………………155
　②　自分を売り込む場合 …………………………………………156
　③　知人や部下を売り込む場合 …………………………………167

| **4** | サービスや商品を売り込む場合 …………………………169
| **5** | 政策・組織・アイデア・考えをアピールする場合 ……183

あとがき ……………………………………………………………191

第Ⅰ部

グローバル社会でアピールするための心構え

ゴールの設定

1 目的の確認

　グローバル社会でアピールするための心構えを第2章で見る前に、少し時間を割いて、本書を手に取っていただいた動機を振り返ってみてください。「何のために、アピール力を強化したい」と思われたのでしょうか。

　英語でのアピール力を強化すると、可能性が広がります。たとえば、能力や実績を基にできる貢献をアピールして、昇進・転職・留学などを通じて、より良い職に就くことができます。

　教授や上司の立場で、生徒や部下のために、海外の教育機関に送る推薦状を書くこともできます。また、サービスや商品の良さをアピールして、それらの利用者を増やすこともできます。

　このように可能となることが多々ある中で、あなたは、何ができるようになりたいのでしょうか。次の問いに対する答を空欄に記入してみてください。

第Ⅰ部　グローバル社会でアピールするための心構え

【問1】　私は，何のためにアピール力を強化したいのか？

```
私は，
　　　　　　　　　のために，アピール力を強化したい。
```

2　目指したい姿の設定

目的が確認できたら，「目指したい姿」を思い描いてみてください。

　昇進を果たして，より責任のある仕事をしている姿でしょうか。転職して，外資系企業や組織で勤務している姿でしょうか。あるいは，海外の大学院で同級生と討議をしている姿でしょうか。それとも，サービスや商品を販売している姿でしょうか。
　できるだけ明確に，目指したい姿を心に描いてみてください。
　目標が明確であればあるほど，実現の可能性が高まると言われています。努力が一つの方向に向かうだけでなく，途中途中で何をしたらいいのかがわかりやすくなり，アピール力を強化しようというモチベーション（やる気）が高まるからです。
　では，次の問いに対する答を空欄に記入してみてください。

第1章　ゴールの設定

【問2】 私は，アピール力を強化した結果，どんなことができるようになっているのか？

> アピール力を強化した結果，私は，
>
> 　　　　　　　　　　　　　　　　　　　ができている。

問いは，「できているようになっていたいか」ではなく，「できるようになっている」と書かれています。ここで大事な点は，「願望」ではなく，「あたかもそれが実現しているように」思い描くことです。

　ひらめきがどんどん湧き，先進的に物事に挑戦される，右脳を使うことが好きな方は，アピール力が強化された時の自分の姿を想像し，それを絵として描いてみると，やる気がより高まり，効果的です。あるいは，本書でやっているように，オンライン上でご自分のイメージに合う絵を探すこともできます。
　ここでは，マイクロソフトオフィスオンラインのクリップアートを用いた例をご紹介します。

第Ⅰ部　グローバル社会でアピールするための心構え

■ 会議に積極的に，参加している

■ 対人関係をうまく構築している

■ グローバルな舞台で，活動している

　いかがでしょうか。アピール力が強化された時のご自分の姿を想像し，それを絵として描いてみるやり方について，少し，イメージがわいてきたでしょうか。

第1章　ゴールの設定

3　目標の設定

　目指したい姿を描いたら，具体的な目標を立てましょう。その際には，確実に達成できる目標ではなく，達成するのに少し**頑張りが必要な目標**にするといいでしょう。実現しようと努力することにより，現在の能力以上のことができるようになると言われています。

　また，漠然とした目標ではなく，「いつまでに」という**時期**があり，「**数値を使って進捗を確認することができる**」目標になっていることが望ましいです。やる気を持続させにくい場合は，短い期間の中間目標を設定することも，一案です。

　では，次の問いに答えて，空欄に記入してみてください。

【問3】　私は，いつまでに，何をできるようになっているのか？

```
私は，            までに，
                              ができている。
```

　本書を使って学ぶ過程で，これまで見てきた3つの問いに対して書いた答を時々見返してみてください。忙しい日常生活と大量の情

第Ⅰ部　グローバル社会でアピールするための心構え

報の中で，目標を忘れてしまいがちです。脳裏にしっかりと焼き付けて，やる気を持続させましょう。

心構え 5か条

1 はじめに

　「英語が得意＝アピールできる」ではありません。英語の力があっても，グローバル社会で求められる行動様式・態度を知らなければ，うまくアピールすることはできません。だからこそ，英語が得意な方がレジュメプロに添削の依頼をされますし，反対に，TOEICの点数が低い方でも，グローバル社会で求められる行動様式・態度を知っていれば，アピールすることは可能なのです。

　そこで本章では，グローバル社会で求められる行動様式・態度を5か条の心構えにまとめ，それらを行動に移して進捗を確認するための表を載せました。ぜひ活用し，実践できているかどうかを振り返るようにしてみてください。

2 第1条

何を誰に伝えるのかを考える

　第1条について，具体的に何をすればいいのか，そしてそれらが求められる理由を項目別に列挙します。

1　テーマと伝える相手を絞り込む

■ Why？（理由）

　何を誰にアピールすべきなのかを考えることが，出発点です。職場の上司・社内異動希望先・転職希望先の採用担当者に，実績や自分の将来性を伝える必要があるのでしょうか？　それとも，ある商品やサービスで得られるメリット（利点）を潜在顧客に伝える立場にあるのでしょうか？　首相をはじめ国際社会で活躍する政治家は，日本の魅力や政策を諸外国に伝えることが求められます。

　伝えたいことを整理せずにそのまま伝えると，相手は混乱します。漠然と考えている多くの伝えたいことの中から，特に知ってもらうべき点を絞り込むことが，最初にやるべきことです。そして，絞り込んだメッセージを誰に知ってもらうのが最も効果的なのかを

考えてください。多くの人に伝えるよりも，キーパーソン（重要人物）一人に伝える方が，効果的な場合もあります。

■ How？（手段）

伝えるべきことは，その時点で求められていることで決まります。勤務先での査定面談なら，査定対象期間の顕著な達成事項が，伝えるべきことです。潜在顧客に会っている販売担当者なら，担当商品が潜在顧客にどんな利点を提供できるのかが，伝えるべきメッセージです。

伝えるべき相手を絞り込むためには，**組織における人間関係や力関係などの調査**が必要です。転職や留学の場合は，転職希望先の職場のマネージャーや，大学院で指導を受けたい教官がキーパーソンになる場合もあります。

「何を誰に伝えるべきか」は，「あなたがやりたいこと」から導かれます。第1章で設定したあなた自身の「目標」を振り返ってみてください。

2 相手にとって，関心がある内容にする

■ Why？（理由）

相手にとって関心がない内容を伝えても，効果はありません。端的な例が，レジュメ（英文履歴書）です。レジュメでは**採用担当者の**

最大の関心事,「応募者がどのように業務を遂行し,組織に貢献してくれるのか」に relevant な(関係がある)内容の記載が求められます。たとえば趣味についても,日本の履歴書と異なりレジュメには,応募している業務の遂行に役立つ趣味のみを記載します。

応募書類の内容をほとんど変えずに複数の組織に応募される方がいますが,relevant な(関係がある)内容にするために,相手先に合わせて書類をカスタマイズ(内容を変更)することを強くお薦めします。

商品やサービスの場合も同様です。ブランドに興味がない方にブランド商品をアピールしても,販売につなげることは難しいです。また,宣伝の e-mail や郵送物をいくら受け取っても,一度関心から外れてしまったら,それらを見ない場合が多いでしょう。ぜひ,メッセージを発信する際には,How relevant is it?(それは,どれくらい関係性があるのか?)という問いを自分自身に投げかけ,関係性を確認した上で,内容を精査するようにしてください。

How relevant is it?
それは,どれくらい関係しているのか?

■ How?(手段)

相手のことを知って初めて,相手が関心を持つ内容を発信することができます。上司の関心事を知るためには,職場の方針や目標を理解した上で,普段から上司の言動に観察力を働かせることが大事です。他部署の方の情報収集は,社内の人的ネットワーク(人脈)

を通じて行うのが効果的です。

　転職や**留学**の場合は，ホームページに加えて，転職・留学支援会社や，転職・留学希望先での就業や在学経験がある方などから知識を得ることができます。**商品を海外に販売**する場合は，その市場に進出している企業など販売希望先の市場に詳しい方に聞いたり，インターネットを使って，市場動向を調べたりしてください。

3　相手にとって，利点がある内容にする

■ Why？（理由）

　アピールする際には，相手にとって利点がある内容に焦点を当てることが望まれます。米国でよく使われる What's In It For Me？（それは私にとってどう役に立つのか？）という表現がこのことを端的に表しています。

　ある製品やサービスを使うきっかけは，それが自分に利点をもたらしてくれるだろうとの思いです。誰かを採用したり昇進させたりする場合も，その人が組織に売上拡大や商品の開発などの利点をもたらしてくれると考えるからです。

■ How？（手段）

　相手の立場に立って，**相手が何に利点を感じるのか，どういう表現であれば相手が利点を感じられるのか**，を考えることが鍵です。たとえば，以下のような表現を使うと良いでしょう。

第Ⅰ部　グローバル社会でアピールするための心構え

> - This is good for you because you'll have a concrete report.
>   具体的なレポートを受け取ることができるので，これは，あなたにとっていい話です。
> - I can help you to write with confidence.
>   私はあなたが自信を持って書けるよう，サポートできます。

4　謙遜せずに，事実を伝える

■ Why?（理由）

「たいしたことはできません」という言葉を欧米人は，額面通りに受け取ります。言外の意味を読みとらないからです。謙遜が文化の一部になっている我々日本人には戸惑いがあるかもしれませんが，日本人以外の人ともコミュニケーションをする場合は，謙遜せずに事実を伝えることを意識して心がけましょう。**本来得られるべきチャンスを逃さないためにも！**

とは言え，勢い余って，できないことまで伝えることはしないでください。グローバル社会には，実力以上にアピールをする人達がいますが，そういう人たちは，将来信頼を失って失墜するリスクを抱えています。レジュメ（英文履歴書）を書く際にも，**事実を魅力的に伝えることに徹してください。**

■ How?（手段）

第Ⅱ部で説明する英語表現を用いて，次の例のように，事実を伝えてください。

> - I made the most powerful program.
>   私は，最強のプログラムを作った。
> - Our company can design a Website.
>   弊社は，ウエブページをデザインすることができる。
> - This product reduces aging rate.
>   この商品は，老化のスピードを軽減する。

5　実際にやったことを伝える

■ Why？（理由）

　面接の場面では，担当してきた業務名や肩書を伝えるだけでは，不十分です。これらも，ある一定の力を示すことには役立ちますが，実際にやってきたことを伝えて初めて，「職務に対して期待通り，あるいは，期待を越えて行動した」ことを立証することができます。

　商品の場合も，「この商品を使うと痩せることができる」と言うよりも，「この商品を使って，実際に減量できた」と伝える方が効果的です。化粧品の広告に「その化粧品を使って肌が綺麗になった方の喜びの声」が掲載されていたり，また，「愛好者の会」で，「ユーザーが体験談を語り合う」機会を企業が提供したりしているのも，その方が潜在顧客の納得感を高めることができるからです。

■ How？（手段）

　昇進試験用の書類やレジュメ（英文履歴書）の場合には，実施したことを書くようにしてください。（矢印の後の例参照）

第Ⅰ部　グローバル社会でアピールするための心構え

> - Responsible for A.
>   Aについて責任を持っている。
>   ⬇
> - Arranged meetings for company executives every month, took notes and distributed them on a timely basis.
>   重役会議を毎月手配し，記録を取って適時に配布した。

　昇進は，それにふさわしい実績をこれまで上げてきたことに加え，「今後新しい職位にふさわしい活躍をしてくれるだろう」という期待値に基づいています。ですから，めでたく昇進ができた際には，更なる実績を出していくよう，心がけましょう。

 第2条

相手に伝わる内容にする

1　事実を定量的または，具体的な例を使って伝える

■ Why？（理由）

　成果を上げても，数値や事例を用いて具体的に説明しないと，相手にはそのすごさが伝わらない場合があります。「今学期すごく頑張ったからお小遣いの金額を上げて」と子供が言っても，「頑張った」程度がわからなければ，親は金額を上げていいのかどうかを判断できません。一方，「前期学年平均で30位だった成績が，15位に

上がった」と言われると，納得感があります。

　同様に，「我々が提供するサービスに対して，お客様は満足しています」という説明に加えて，「複数のお客様からお礼状を頂きました」と伝えると，相手に与える納得感が増します。

■ How？（手段）

　定量的に伝えるためには，次の例のように，数値を使います。

> - I increased sales.
>   私は売上を伸ばした。
>
>
>
> - I increased sales by 20% year on year.
>   私は対前年比で，売上を20％伸ばした。
> - I doubled sales.
>   私は売上を2倍にした。

　受賞歴について伝える場合には，社外の方に価値が伝わるよう，情報を追記するといいでしょう。次の例が参考になります。

> - I received the President's Award.
>   私は，社長賞を受賞しました。
>
>
>
> - I received the President's Award. Only two people out of 100 received the award.
>   私は，社長賞を受賞しました。受賞者は100名中，2名のみでした。

定性的なものについては，事例やエピソード（出来事）を示しましょう。販売成績が良い販売担当者は，ある商品やサービスを使うことで享受できる利点を買い手が想像できるように描写するのが上手だと言われます。

転職や社内の昇進試験で，「あなたの強みは何ですか？」という問いに答える際も，強みだけでなく，その強みを裏付けるエピソードを併せて語ることで，アピール力を増すことができます。

2 主語を明確にする

■ Why？（理由）

日本語では，主語を省略して意思を伝えることが，しばしばあります。これは文化論的には，"We"（我々）を重視する集団主義の傾向が強かったことに起因していると言われています。一方，"I"（私は）を重視する個人主義の傾向が強い欧米では，主語を明確にします。

欧米では，責任の所在をはっきりさせる目的もあり，**各人の業務範囲を** job description（職務記述書）に**明記**します。日本でも職務記述書が導入されている組織はありますが，米国などで用いられている job description ほど詳細なものは少ないです。

また欧米では，結論が曖昧のまま会議を終わらせることはありません。会議が終わった後，「誰がいつまでに何をやるのか」という**責任を明確にする**ことが求められます。

第2章　心構え　5か条

■ How？（手段）

　英語は，もともと主語を必要とする言語なので，文章を作成すると自然とI（私は），We（私たちは），They（彼らは），Our company（私たちの会社），Our product（私たちの製品），Our service（私たちのサービス）といった主語が入ります。**和文を英訳する場合は，必要に応じて主語を補うよう注意してください。**

　なお，レジュメ（英文履歴書）の場合は，"I" について書いていることが自明の理ですので，限られた紙面を有効に使うため，次の例文のように，主語は省きます。

> ● Shortened the lead time from design to production from 1 year to 9 months.
>   設計から生産までにかかる期間を1年から9カ月に短縮した。

3　わかりやすい構成で伝える

■ Why？（理由）

　日本は「高コンテキスト文化（共有している背景が多い文化）」の国と言われ，「言葉で多くのことを伝えなくても意思が通じる」中で，論理的であることは従来，あまり重視されてきませんでした。

　しかし**グローバルなコミュニケーション（国際社会での伝達）では，「言葉」でわかりやすく伝えなければなりません。**「最後まで聞かないと何が言いたいのかがわからない話し方」は，好まれません。

　日本でも最近ビジネスの場面を中心に，「論理的に伝える」ことが推奨され，「ロジカルライティング」（論理的に書くこと）という言

葉を頻繁に耳にするようになってきました。日本人の間でも，日本語で意思をわかりやすく伝えることが求められてきたからでしょう。

■ How？（手段）

話し方が上手だと評価されている方のスピーチやインタビューを参考にして，「冒頭で結論を述べた後，その裏付けを順序立てて説明し，最後に要約する」という枠組みを身に付けてください。

枠組みを用いて，商品やサービスを薦める例を示します。

- I recommend this product for the following reasons：
  私は以下の理由でこの商品を薦めます。
- First, it is good for your health.
  まず，これは健康にいいです。
- Second, it is readily available.
  次に，これは容易に手に入れることができます。
- And finally, it is affordable.
  3つ目の理由として，値段が手頃です。
- In summary, this product is suitable for you.
  つまり，この商品は，あなたにぴったりです。

第2章 心構え 5か条

4 第3条

伝える努力をする

■ Why？（理由）

グローバル社会でアピールする際には，日本の謙遜の文化から一旦離れる必要があります。「言わないでも，わかってもらえるだろう。良いものさえ持っていれば，価値をわかってもらえるだろう」という考えは，大きな間違いです。内容的に劣っていても，声が大きい他の国の方の意見が採用されるケースは，よくあることです。

「もしかすると，相手は気に入ってくれないのではないか」と悩んでいても，進展はありません。知ってもらわないことには，相手もそれがいいのかどうか，判断のしようがありません。

それだけでなく，欧米では，発言しないリスクにも注意しなければなりません。「発言しない＝考え・意見がない」と思われかねません。会議で発言せずに座っていると「なぜ貢献することもないのに出席しているのか？」と聞かれてしまいます。役立つと思われる意見や商品やサービスを持っているのなら，まずは，積極的に発信してみましょう。

■ How？（手段）

　インターネットが発達した今日，世界中のどこにいようとも，実に様々な手段を使って，簡単に発信することができます。もはや，「所在している場所」自体は，発信するにあたっての障害にはならないのです。

　組織の商品やサービスをアピールするのであれば，紙媒体やホームページに加え，最近では，ツイッター（Twitter）を使うこともできます。個人の方は，ホームページ以外にも，ブログやソーシャル・ネットワーキング・サービス（SNS）を使って発信することができます。職場では，上司に報告する手段として，口頭・正式な報告書・e-mailがあります。会議も，直接会って行うface-to-face meeting（対面会議）以外に，最近では電話会議やＴＶ会議も頻繁に使われています。

　伝える方法や表現がわからなくても，諦めることはありません。誰かの助けを借りればよいのです。たとえば，海外での販路拡大を希望する会社が，展示会での出品を代行する組織に依頼して，日本の伝統工芸に基づくエコ風呂敷バッグなどを紹介してもらい，米国で注目を集めています。

　職場であれば，職場内で英語が得意な方を見つけるか，あるいは，外部に依頼することもできるでしょう。**自分で書いた英文を添削してもらったり，効果的な表現方法を教えてもらったりすることで，英語力を次のような点で，強化する**ことができます。

- 間違って覚えている表現を正すことができる。
- 効果的な表現方法を覚えれば，その中の用語を置き換えて，使える表現の種類を増やすことができる。

---

5 第4条

心に響く伝え方をする

1　通訳に全てを頼らない

■ Why？（理由）

　話をする際に英語が得意でないからと，話の冒頭から通訳に頼る方がいます。「英語が話せないから恥ずかしい」とか，「うまく伝わらないといけないので」といった気持は理解できますが，たどたどしくても，**冒頭だけでも自分で伝えた方が，相手の心に響きます。**通訳は，あなたの代わりにはならないからです。

　筆者の友人も，一念発起して，筆者がＩＣレコーダーに吹き込んだ英語を繰り返し聞いて暗記して，ビジネス相手に伝えました。「自分の気持ちを相手がわかる言葉で伝えたい」という気持を相手が理解してくれたことに喜びを覚えた彼女は，「次は，短くてもいいから，相手と会話ができるようになりたい」と，上のレベルを目指した歩みを始めています。

■ How？（手段）

　前述の例で提案した方法が，お薦めです。**英語が得意な方に，言いたいことを訳して録音してもらってください。**それを繰り返し聴き，自分でも何度も声に出して覚えるようにしてください。そして，実際に話をする前に，相手が目の前にいて会話をしていることを想

定したリハーサルをしてください。練習している時は問題なく言えても,「いざ本番！」になると,言えなくなる方がいるからです。

2　冒頭だけでも，相手の国の言葉で伝える

■ Why？（理由）

　日産の再建のために1999年に来日したゴーンさんは,「皆さんこんにちは」と日本語の挨拶からスピーチを始めました。いきなり英語から始まった場合と比べると,ゴーンさんに対して,**より親近感を感じられた方は多かったのではないでしょうか？**

　訪問国では,スピーチの冒頭などで,その国の言葉を使うと効果的です。発音がうまくなくても構いません。多少たどたどしい位のほうが,愛嬌があるものです。英語に限らず,**相手国の言語を使って,挨拶をしたり感謝の気持を伝えたりするようにしましょう。**

■ How？（手段）

　相手国の言葉でどう挨拶すればいいのか,また,感謝の気持をどう伝えればいいのかは,その国の方や駐在を経験した方など,**相手国の言葉と習慣を知っている方に聞くのが一番です。**

3　相手を見て話をする

■ Why？（理由）

　プレゼンテーション（聴衆に対する発表）の研修では,「スクリーンを見て話すのではなく,聴衆をちゃんと見ましょう！」という説明を受けます。国会演説で紙に書かれたことを見ながら話をしてい

る日本の政治家と，テレプロンプター（電子的に原稿などを表示する装置）を使いこなして聴衆を見ながら話をしている外国の政治家とでは，**迫力が違います。**

会議・面接や販売の場面でも同様です。適切なアイコンタクト（視線を合わせること）の量は，国や人によっても違いますが，アイコンタクトをあまり取らない日本流のやり方が万国共通ではないことは，知っておくべきです。

■ How？（手段）

これまでの生活の中で身についている話の仕方を場面に応じて変えるためには，気づきと訓練が必要です。プレゼンテーション研修でなされているように，**話をしている様子をビデオで撮影して，自分で見て気付いたり，自分の癖についてフィードバック（意見）をもらったりする方法**がお薦めです。

異文化研修でも，人の目を見て話をしないという**日頃のコミュニケーション手法を強制的に変えて，**「ずっと相手の目を見て話をする」練習をすることがあります。

4　力強く，伝える

■ Why？（理由）

自信がない話し方や文章だと，メッセージを受け取る相手も，「本当にできるのだろうか。本当に良いものなのだろうか」と，不安になりかねません。

つなぎ言葉として何気なく maybe（もしかすると）を使ったり，英語を間違えた時に sorry（すみません）を使ったりしている方を

時々見かけますが，メッセージが弱いものとして伝わってしまいます。これらの用語は，**本当に必要な場面でのみ**，使うようにしてください。Maybe であれば，「かもしれない」と言いたい時，sorry は，相手に謝る必要がある時です。

　ネイティブでない我々日本人が英語を間違えるのは，当然です。米国のニュースキャスターの話し方を見ていると，言い間違えた場合は，rather（正しくは）を使っています。

　オバマ大統領の Yes, we can や Can-do spirit（「やればできる」の精神）という言葉に象徴されるように，米国人は，元来自信家を好みます。ですから，アピールする場合，自信がある内容であれば，どうぞ臆することなく，力強くアピールしてください。

■ How？（手段）

　不要な言葉を極力使わないことに加え，ジェスチャー（身ぶり手ぶり）や声の調子に気をつけることで，力強い印象を与えることができます。米国人が使う大きなジェスチャーには違和感を覚えるかもしれませんが，**強調したい個所だけでも，ジェスチャーを使う**と効果的です。

　また，聞き取れないような小さな声よりも，大きな声でしっかり話すほうがベターです。ヒラリー・クリントン氏の落ち着いた話し方は，参考になります。

　Let's talk about our strengths and the future（我々の強みと将来

について話をしよう）と，強みや未来にフォーカスして伝えたり，problem（問題）を challenge（挑戦）と前向きな言葉に置き換えたりするテクニックも覚えておくといいでしょう。

5　実力以下の英語に聞こえないようにする

■ Why？（理由）

　周りの方が話す英語を聞いていて，もったいないと思うことがあります。駐在経験があり英語ができるにもかかわらず，英語の合間に日本語をはさむ方がいます。We will order えーと 100 units（我々は，えーと，100個注文する）といった具合です。あるいは完璧な英語にしようと思っているからなのか，話をする際に力が入りすぎたり，また言葉がスムーズに出てこなかったりする方もいます。

　淡々とした話し方で，メリハリがあまりない方もいます。ＣＮＮのニュースなどを聞くと気づかれるかもしれませんが，**話をする際に抑揚をつけています**。英国人は米国人程抑揚をつけませんが，日本人よりは，抑揚をつけます。これらはちょっとした意識や訓練で良くなるものです。ぜひ次の「How？手段」に書いてあることを試してみてください。

■ How？（手段）

　ネイティブスピーカー（英語を母国語として話す人）の数よりも，英語を外国語として使う方の方が圧倒的に多いと言われています。したがって，完璧な英語を目指す必要はありません。もちろん，うまく話ができるにこしたことはありませんが，それよりも，**発信することとその内容を磨きあげる**ようにしてください。多少文法がお

かしくても，あなたが言いたいことを相手が察することは可能です。

　言うことを考えたり，また，英語の表現を思い出そうとしたりする際に日本語をはさむ癖がある方は，代わりに Well（えーと）や，Let me think（ちょっと考えさせてください）というような表現を用いるとよいです。また，抑揚を身につけるには，筆者もやっていますが，ネイティブスピーカーの言い方をまねして下さい。

6　第5条

意識をして練習をする

■ **Why？（理由）**

　この章では，グローバル社会でアピールするための心構えを見てきましたが，読んだだけでは，心構えは身に付きません。筆者も，指南書を読んで，「なるほど！」と思ったものの，自分は変わらなかった痛い経験がたくさんあります。一瞬その気になっただけで，数日たつと，すぐ普段のやり方に戻ってしまいます。研修で丸二日間かけて指導のスキルを学んだ時も，同様でした。

　貴重な時間を割いてこの本を読んでもらっているあなたには，ぜひとも，グローバルなアピール力を身に付けて欲しいと思います。そのためには，本書の冒頭で確認した，「なぜアピール力を身につ

第2章　心構え　5か条

けたいのか？」という目的を今一度思い起こし，「5か条を実践して，グローバルなアピール力を身に付けるのだという**決意**」を新たにしていただけたらと思います。

■ How？（手段）

　次のページに記載した「グローバル社会でアピールするための心構え5か条」の明細の中から，「これは自分にあっている。ぜひ試してみたい！」と思うものを選んでください。

　全てを一挙にやるのは，現実的ではありません。無意識にできるようになるためには，一つひとつを徹底的に練習しなければなりません。**ご自分の好みや必要性に応じて優先順位をつけ，挑戦してみたい目安の時期**（例：2010年10月～）をそれぞれについて書いてみましょう。

　これらの項目の中から，進捗をご自分では確認しづらい項目（うまくできているのかどうかがわかりづらい項目）については，誰かから**意見**をもらったり，自分が話をしている様子をビデオで**録画**したりして，確認する方法をお薦めします。項目例と，確認のための表については，次のページをご参照ください。

第Ⅰ部　グローバル社会でアピールするための心構え

「グローバル社会でアピールするための心構え5か条」の明細
挑戦してみたい目安の時期（例：2010年10月〜）

優先順位	項　　　　目	時期
	第1条　何を誰に伝えるのかを考える	
	1　テーマと伝える相手を絞り込む	
	2　相手にとって，関心がある内容にする	
	3　相手にとって，利点がある内容にする	
	4　謙遜せずに，事実を伝える	
	5　実際にやったことを伝える	
	第2条　相手に伝わる内容にする	
	1　事実を定量的または，具体的な例を使って伝える	
	2　主語を明確にする	
	3　わかりやすい構成で伝える	
	第3条　伝える努力をする	
	第4条　心に響く伝え方をする	
	1　通訳に全てを頼らない	
	2　冒頭だけでも，相手の国の言葉で伝える	
	3　相手を見て話をする	
	4　力強く，伝える	
	5　実力以下の英語に聞こえないようにする	
	第5条　意識をして練習をする	

第2章　心構え　5か条

進捗をご自分では確認しづらい項目

　　第2条　相手に伝わる内容にする
　　　　3　わかりやすい構成で伝える
　　第4条　心に響く伝え方をする
　　　　3　相手を見て話をする
　　　　4　力強く，伝える
　　　　5　実力以下の英語に聞こえないようにする

ご自分では確認しづらい項目の改善点確認表

項　　目	確　認　項　目	要改善	改　善　点
第2条　3	話がわかりやすい		
第4条　3	アイコンタクトができている		
第4条　4	ジェスチャーを使っている		
第4条　4	声の調子が力強い		
第4条　5	Maybe や sorry の使用が適切である		
第4条　5	合間で不適切な形で日本語を使用していない		

第Ⅱ部

アピール力のある英語表現（短文）

第1章

英語表現を学ぶにあたって

1 はじめに

　この章では，英語表現を学ぶにあたって知っておいていただきたいことを整理しています。せっかく英語表現を学んでも，どういう場面で使えばいいのかがわからなければ，それらをうまく活用することはできません。また，なかなか上達しなければ，学習に対するやる気を持続させることは難しいものです。

　そこで，まず，**本書で学ぶ英語表現の用途**を説明します。幅広く活用できることを理解していただけると思います。次に，筆者の豊富な英語指導の経験に基づき，英語に対する苦手意識を持っている方でも楽しく学べる，**実践的な英語の上達方法**を紹介します。

2 用途と学び方

　では最初に，用途に関する問と答を見てみましょう。

第Ⅱ部　アピール力のある英語表現（短文）

【問】 ここで学ぶ表現は，どんな用途で使えるのか？

> 【答】 さまざまな発信ツールを用いて，アピール力を求められるあらゆる場面で，使うことができます。

　イメージを持っていただくために，例をいくつか挙げます。

■ 場　面
　日常のやり取り・ビジネスや外交での交渉や宣伝・
　プレゼンテーション・転職や社内昇格試験での面接

■ 発信ツール
- face-to-face（直接，顔を見ながら）の会議
- Skype（インターネットを介して）を用いた会議
- TV会議を用いて，遠隔地を結んで行う会議
- e-mail・ツイッター（Twitter）・Webなどの電子媒体
- 手紙

　英語表現を使う場面や発信の手段に応じた留意点を第Ⅲ部に記載しましたので，参考にしてください。
　では次に，英語の上達方法に関する問と答を見てみましょう。

【問】 ここに書かれている表現をどうやったら使えるようになるのか？

> 【答】 どんどん使ってみることで，使えるようになります。

　英語表現を順番に覚えていく方法もありますが，その方法だと，

第 1 章 英語表現を学ぶにあたって

勉強を長続きさせるのは難しいです。**使う頻度の高いもの，かつ，覚えやすい・使いやすいものを選んで，優先順位をつけて学ぶこと**をお薦めします。そして，覚えたものから，どんどん使ってみてください。「うまく使えた！」という達成感が，次の学びへと背中を押してくれます。具体的な手順を示します。

1　次の第 2 章に記載している用途別リストの中から，「実績レビューの面談の場で，実績を説明したい」といった「ご自分のニーズ（必要性）にあった用途」を選んでください。
2　その用途に使える表現（第 2 章に記載）の中から，「既に知っている」・「発音しやすい」・「覚えやすい」表現をいくつか選んで，それらを何度も口に出して言ってみてください。

　文法的に正しい文章を考えてから話をしようとしても，通常の会話や会議のペースについていくことはできません。**考えずに言えるようになるまで繰り返し練習して，「使える英語」を身につけて**ください。大事な発言のチャンスを逃がして，悔しい思いをしないためにも！

3　参考エピソード

◎　日本でエリート社員として一目置かれ，張り切って米国に駐在した友人は，一時帰国の際に悔しそうに語っていました。「タイミング良く発言ができないために，会議に出席しても，黙って座っているだけ。発言のチャンスを逃がして，いつも歯がゆい思

第Ⅱ部　アピール力のある英語表現（短文）

いをしている」と。

◎　日本語で話をしたり書いたりする時，私たちは文法を特に気にすることはありません。英語を母国語と同じように自然に使うことは難しいですが，「これは！」と思う**表現**だけでも**自然に口に出せるようになると**，コミュニケーションがぐん！と楽しくなります。筆者も学生時代に第2外国語としてフランス語を学びましたが，その後フランスを旅行する機会がある際には，毎回事前にテキストを読み返して，そこで出会う方との簡単な会話を楽しんでいます。

◎　「英語を話せるようになりたい」と相談に来られた知人の歌手の方には，「**英語の歌詞の活用**」をお薦めしました。たとえば，ジョン・レノンの「イマジン」(Imagine)という曲の歌詞，I hope someday you'll join us（いつの日か，あなたが私たちの活動に参加してくれることを望んでいます）を基本形として I hope you will come（あなたが来てくれることを望む），など様々な言い回しができます。

　練習を重ねて自分のものにした英語の歌が，基本表現の宝庫として自分の英語の表現を豊かにしてくれることに気づいた彼女は最近，目に見えて英語が上達しています。

　あなたも好きな英語の歌があれば，多くの労力をかけないでも，使える表現が増えます。カーペンターズやビートルズの曲の一部はゆったりとしたバラード調なので，聞きやすいです。歌は，月

第 1 章　英語表現を学ぶにあたって

日がたっても思い出しやすいという特徴を持っていますので，学んだ表現を持続させることができます。ぜひ学ぶ際に，歌を活用してみてください。

第 2 章

英 語 表 現

1 はじめに

　この章では，使う頻度が多い「アピール力がある英語表現」を整理し，紹介しています。主要な表現については覚えて使っていただけるよう説明文と複数の例文を，また，紙面の都合で取り上げることができない他の表現については，雑誌やwebサイトで使われる活用度の高い表現を掲載しています。

　第1章で説明したように，これらの中から**集中的に学びたいものを選んで**，**繰り返し練習**してください。発音しやすい・覚えやすい・使う場面がイメージできるなど，選ぶ観点は，いろいろあると思います。発音がわからない場合は，電子辞書を使って発音を確認したり，英語が得意な方にICレコーダーなどに吹き込んでもらい，それを聞いたりするのも一案です。

第Ⅱ部　アピール力のある英語表現（短文）

2　英語表現例の一覧

■「伝えたいこと」の例　一覧

「何を伝えたいか」という観点から，いくつかの項目を挙げました。それぞれについて，表現例を後ほど紹介します。

- 約束・決意・熱意・意欲を伝える
- 実績を伝える
- 成功を伝える
- リーダーシップを伝える
- 能力を伝える
- 効果・効率を伝える
- 提供できることを伝える
- 良さを伝える
- 順位を伝える
- 確信を伝える
- 強調を伝える

■「伝えたいこと」の表現例　一覧

一つの表現が，複数の意味を持つことはよくあります。ここでは，**アピール力の観点から特に大切な意味**を紹介しています。

いくつかの表現については，**派生している表現**も記載しました。これらも合わせて覚えておくと，リスニングやリーディングの力が高まります。

第 2 章 英 語 表 現

> 派生表現の例：determined to（することを決意している）
> ⇒ determination（決意）

では，表現例を見てみましょう。詳しい説明を後述していない表現については，簡単な例文も掲載しました。

約束・決意・熱意・意欲を伝える

- committed to
  〜にコミットしている（〜することを確約する）
- commitment
  コミットメント（約束）
- determined to（determination）
  決意をしている（決意）
- eager to（eagerness・eagerly）
  〜することに熱心（熱意・熱心に）
- make every possible effort to
  〜するためにあらゆる努力をする

実績を伝える

- achieved（achievement）
  達成した（達成）
- analyzed（analysis・analyses・analytical）
  分析した（分析の単数形・分析の複数形・分析の）
- completed（completion）
  完了した（完了）
- contributed to（contribution）
  〜に貢献した（貢献）

第Ⅱ部　アピール力のある英語表現（短文）

- created（creativity・creation・creative）
  創造した（創造性・創造・創造的な）
- implemented（Implementation）
  実施した（実施）
- improved（improvement）
  改善した（改善）
- increased（increase・increasingly）
  増やした（増加・ますます）
- strengthened（strength）
  強化した（強み）
- accelerated（acceleration）
  加速した（加速）
  例文：Accelerated structural reforms.
  　　　構造改革を加速した。
- acquired（acquisition）
  獲得した（獲得）
  例文：Acquired skill sets.
  　　　一連のスキル（技能）を身につけた。
- adapted to（adaptation）
  〜に適応した（適応）
  例文：Adapted to a new environment.
  　　　新しい環境に適応した。
- collaborated（collaboration・collaborative）
  協調した（協調・協調的な）
  例文：Collaborated with various stakeholders.
  　　　さまざまなステークホルダー（利害関係者）と協調した。

第 2 章 英 語 表 現

- communicated（communication）
  伝えた（伝達）
  例文：Communicated with each other.
  　　　お互いと連絡を取りあった。
- convinced（conviction）
  説得した（確信）
  例文：Convinced the management.
  　　　経営陣を説得した。
- developed（development）
  開発した（開発）
  例文：Developed an eco-friendly phone.
  　　　環境に優しい電話を開発した。
- ensured（ensuring of）
  確保した（〜の確保）
  例文：Ensured compliance with the laws.
  　　　法律上の遵守を確実なものとした。
- established（establishment）
  設立した（設立）
  例文：Established a partnership with a high school.
  　　　高校と提携した。
- handled（handling of）
  対処した（〜の対処）
  例文：Successfully handled the crisis.
  　　　危機にうまく対処した。
- launched（launch）
  始めた（開始）

第Ⅱ部　アピール力のある英語表現（短文）

　　　　例文：Launched the campaign.
　　　　　　キャンペーンを開始した。
- managed（management）
　管理した（経営）
　例文：Managed a department of 20 people.
　　　　部員20人の部を管理した。
- motivated（motivation・motivational）
　やる気にさせた（動機・やる気を起こさせる）
　例文：Motivated people to work with us.
　　　　人々に我々と一緒に働くよう，動機付けた。
- obtained（obtaining of）
　入手した（〜を入手すること）
　例文：Obtained statistics on the numbers of babies born last year.
　　　　昨年の新生児数について統計資料を入手した。
- optimized（optimization）
　最適化した（最適化）
　例文：Optimized production.
　　　　生産を最適化した。
- organized（organization）
　組織化した・開催した（組織）
　例文：Organized an exhibition.
　　　　展示会を開催した。
- prioritized（prioritization）
　優先順位を付けた（優先順位付け）
　例文：Prioritized tasks.

仕事に優先順位を付けた。

- produced（production）
  生産した（生産）
  例文：Produced quality packaging.
  　　　質の良い包装を作り出した。
- promoted（promotion）
  推進した（促進）
  例文：Promoted the project.
  　　　プロジェクトを推進した。
- realized（realization）
  実現した（実現）
  例文：Realized my dream.
  　　　私の夢を実現した。
- reduced（reduction）
  減らした（減少）
  例文：Reduced your workload.
  　　　あなたの仕事量を減らした。
- reformed（reform）
  改革した（改革）
  例文：Reformed the company.
  　　　会社を改革した。
- regained（regaining of）
  取り戻した（〜を取り戻すこと）
  例文：Regained trust.
  　　　信頼を取り戻した。

第Ⅱ部　アピール力のある英語表現（短文）

- resolved（resolution）

  解決した（解消）

  例文：Resolved a problem.

  （困難な）問題を解決した。

- revitalized（revitalization）

  活性化した（活性化）

  例文：Revitalized the Japanese economy.

  日本の経済を活性化した。

- secured（security）

  確保した（安全）

  例文：Secured tickets.

  券を確保した。

- streamlined（streamlining）

  効率化した（合理化）

  例文：Streamlined operations.

  作業を効率化した。

- supervised（supervision）

  監督した（監督）

  例文：Supervised work.

  仕事を監督した。

- upgraded（upgrade）

  機能を高めた（性能向上）

  例文：Upgraded the system.

  システムの機能を向上した。

- utilized（utilization）

  活用した（活用）

例文：Effectively utilized the resources.
　　　資源を有効活用した。

成功を伝える

- successfully（success・successful・succeeded）
  成功裏に（成功・成功している・成功した）

リーダーシップを伝える

- initiated（initiate・initiation・initiative）
  （努力を伴って）始めた（始める・開始・自発性）
- led（lead・leader・leadership）
  率いた（率いる・リーダー・リーダーシップ）
- started（start・start）
  始めた（開始する・開始）

  例文：We started hiring employees.
  　　　我々は従業員を採用し始めた。

能力を伝える

- ability to（ability・able to）
  〜する能力（能力・〜できる）
- capable of（capability）
  〜する能力（能力）

効果・効率を伝える

- effective（effectively）
  効果的な（効果的に）

  例文：This application is effective.
  　　　この出願書類は効果的だ。
- efficient（efficiency）
  効率的な（効率）

例文：I would like to live in an energy-efficient home.
　　　私はエネルギー効率の良い家に住みたい。

提供できることを伝える

- offer（offering）
  提供する（提供すること）
- give（gift）
  与える（贈り物）
  例文：Give examples.
  　　　例を提供する。
- provide（provision）
  提供する（提供）
  例文：The city provides an interesting experience.
  　　　その市では，興味深い体験ができる。

良さを伝える

- constructive（construction）
  建設的な（建設）
  例文：Please give constructive feedback.
  　　　建設的な意見をください。
- exciting（excitement）
  刺激的な（興奮）
  例文：That was an exciting presentation.
  　　　刺激的な発表だった。
- unique（uniqueness）
  独創的な（独自性）
  例文：He has unique ideas.
  　　　彼は独創的な発想を持っている。

第 2 章 英語表現

順位を伝える

- the best

  最高の
- outstanding

  卓越した
- the greatest

  最も素晴らしい

  例文：It is the greatest gift of all.

  　　　それは，最高の贈り物です。
- the most powerful

  最も実力のある

  例文：She is the most powerful politician in the country.

  　　　彼女は，その国で最も力がある政治家だ。

確信を伝える

- absolutely（absolute）

  絶対に（絶対的な）
- certain（certainly・certainty）

  確信している（確かに・確実性）

強調を伝える

- clearly（clear・clarity）

  明快に（明快な・明快さ）

  例文：Clearly you are correct.

  　　　明らかに，あなたは正しい。
- consistently（consistent・consistency）

  継続的に（継続的な・継続性）

第Ⅱ部　アピール力のある英語表現（短文）

　　　　例文：Our competitor has been consistently reducing the cost.
　　　　　　我々の競合企業は，費用を継続的に削減してきている。

- dramatically（dramatic・drama）
  劇的に（劇的な・劇）
  例文：Revenue increased dramatically.
  　　　収入が劇的に増えた。
- firmly（firm・firmness）
  しっかりと（しっかりした・堅固）
  例文：Firmly advocated the policy.
  　　　政策をしっかりと支持した。
- strongly（strong）
  強く（強い）
- without doubt
  疑いもなく
  例文：Without doubt, your product is the best.
  　　　疑いもなく，貴社の製品が最良です。

3 各表現についての説明と練習

　基本例文の紹介と表現の説明に加えて，文を作成する練習を2種類（用語を置き換える方法と，最初から作成する方法），用意しました。**表現を覚えた後，実際に使ってアピールする**ことが大事です。

　伝えたいことと，伝えたいという気持ちがあれば，**文法が100％正しくなくても，意思は通じます**。相手があなたの言いたいことを察して，「こういうことですか？」と確認してくれる場合もあります。発音の仕方がわからなくても，紙に書いたものを**相手に発音**してもらって，**正しい発音の仕方**を学ぶこともできます。では，それぞれの表現を見てみましょう。

約束・決意・熱意・意欲を伝える

■ committed to
〜にコミットしている（〜することを確約する）

基本例文	We are **committed to** saving the environment.
	我々は，環境を守ることを確約している。

説　明

　日本語でも「コミットする」として使われているこの表現が，政治家のスピーチをはじめ，ニュースで頻繁に登場するのは，決意が求められる難しい時代に我々が生きていることを表しているのかもしれません。ニュースでの用例を紹介します。

第Ⅱ部　アピール力のある英語表現（短文）

ある政治家は，仕事に対する決意の度合いを示すにあたり，I am **committed to** the job that I have（私は今の仕事に専心している）とインタビューで，回答していました。

練　習

では，基本例文 We are committed to saving the environment の中の**用語の置き換えや追加**で，文を作成してみましょう。

用語を置き換えることで，英文はどのように変わるでしょうか。一度ご自分で考えてから，和文の下の行に記載している英文を見るようにしてみてください。

「誰が」の部分を変える
⇒「我々は」の部分を他の人や組織に置き換える

- 「日本は」環境を守ることを公約している。
  Japan is committed to saving the environment.
- 「私は」環境を守ることに尽力している。
  I am committed to saving the environment.

（注）太字部分を置き換えたことにより，波線部分が変化。

「確約している対象」を変える
⇒「環境を守ること」の部分を他の「行動」や，「対象」に置き換える

- 我々は，「コミュニティを助けること」を公約している。
  We are committed to **helping the community.**
- 我々は，「仕事の優先順位をつけること」に熱心だ。
  We are committed to **prioritizing the work.**

- 我々は,「勝つこと」を確約している。
  We are committed to **winning.**
- 我々は,「プロジェクトを終えること」に尽力している。
  We are committed to **finishing the project.**
- 我々は,「技術を活用すること」に専心している。
  We are committed to **utilizing technology.**
- 我々は,「締切りを守ること」を確約している。
  We are committed to **keeping the deadline.**
- 我々は,「勉強すること」に専心している。
  We are committed to **studying.**
- 我々は,「一生懸命働くこと」を確約している。
  We are committed to **working hard.**
- 我々は,「我々の仕事」に専心している。
  We are committed to **our job.**
- 我々は,「このプロジェクト」に専心している。
  We are committed to **this project.**
- 我々は「貴社に」力を注いでいる。
  We are committed to **your company.**
- 我々は「この商品に」力を注いでいる。
  We are committed to **this product.**
- 我々は「我々のサービスに」全力投球している。
  We are committed to **our service.**

「確約していること」を強調する
⇒ 強調を表す用語を追加する

第Ⅱ部　アピール力のある英語表現（短文）

- 「大いに」を追加して，「我々は環境を守ることに，大いに尽力している」

    We are **very much** committed to saving the environment.

あなた自身で作る文

では，文を作ってみましょう。「誰に対して，どういう確約をしていると言いたいのか？」という問に対する答を下の欄に英文で書いてみてください。そして，その文で言いたいことが伝わるかどうか，実際に誰かに話して，確認してみましょう！

```
〜誰に対してどういうコミットをしているのかを伝える文〜



```

■ commitment
コミットメント（約束）

基本例文	I made a **commitment** to your company.
	私は貴社に約束をした。

説　明

「〜に対してコミットする（確約する）」という意味の **committed to** に対して，**commitment** はコミットメント（約束）の意味で使用されます。ニュースでは，日本の政治家が，the **commitment** of Japan to the world（日本の国際社会への約束）や，**commitment** to the country（国への約束）を表明したりしています。

練　習

基本例文をもとに，文を作成してみましょう。

第2章 英語表現

> 「誰が」の部分を変える
> ⇒「私は」の部分を他の人や組織に置き換える

- 「我々の組織は」，貴社に約束をした。
  Our organization made a commitment to your company.
- 「政府は」，貴社に約束をした。
  The government made a commitment to your company.

> 「コミットする対象」の部分を変える
> ⇒「貴社に」の部分を他の人や組織に置き換える

- 「環境に対して」，私は打ち込んだ。
  I made a commitment to **the environment**.
- 「社会に対して」，私は約束した。
  I made a commitment to **society**.
- 「国連に対して」，私は約束した。
  I made a commitment to **the United Nations (UN)**.
- 私は，「私の目標を達成することに」打ち込んだ。
  I made a commitment to **achieve my goal**.
- 私は，「顧客満足を」第一に考えることにした。
  I made a commitment to **customer satisfaction**.
- 私は，「いい商品を開発することを」約束した。
  I made a commitment to **develop a good product**.
- 私は，「禁煙することを」約束した。
  I made a commitment to **stop smoking**.
- 私は，「革新を加速させることを」約束した。
  I made a commitment to **accelerate innovation**.

- 私は，「ブランドを立ち上げることに」打ち込んだ。
  I made a commitment to **launch a brand.**
- 私は，「売上を増やすことに」専念した。
  I made a commitment to **obtain additional revenue.**

あなた自身で作る文

「あなたがどういう約束をしているのかを伝える文」を下の欄に書いてみてください。

■ determined to (determination)
決意をしている（決意）

基本例文	I am **determined to** do my best.
	私は最善を尽くす**決意をしている**。

説　明

Determined toは，困難を乗り越えようとする強い気持ちを示します。Determined to make a difference（世の中に変化をもたらそうと，固く決心している）人がいたら，応援したくなりませんか。

「決意」を表す言葉は **determination** です。He expressed his **determination** to succeed（彼は成功するのだという決意を表明した）といった形で使われます。

練　習

基本例文をもとに，文を作成してみましょう。

第2章　英語表現

> 「誰が」の部分を変える
> ⇒「私は」の部分を他の人や組織に置き換える

- 「私の同僚は」，最善を尽くす決意をしている。
  My colleague is determined to do his/her best.
- 「我々の部は」，最善を尽くす決意をしている。
  Our department is determined to do its best.
- （注）太字部分を置き換えたことにより，波線部分が変化。

> 「決意している対象」の部分を変える
> ⇒「最善を尽くす」の部分を置き換える

- 私は，「全世界で本を宣伝する」決意をしている。
  I am determined to **promote the book globally.**
- 私は，「新しい顧客を獲得する」決意をしている。
  I am determined to **acquire a new account.**
- 私は，「より良い評価を得ようという」決意をしている。
  I am determined to **get better grades.**
- 私は，「有能なマネージャーになる」決意をしている。
  I am determined to **become a competent manager.**
- 私は，「あなたの問題を解決する」決意をしている。
  I am determined to **resolve your problem.**

あなた自身で作る文

> 〜あなたがどういう決意をしているのかを伝える文〜

第Ⅱ部　アピール力のある英語表現（短文）

■ eager to (eagerness・eagerly)
〜することに熱心（熱意・熱心に）

基本例文	I am **eager to** learn.
	私は勉強熱心だ。

説　明

Eagerness（熱意）は，仕事を誰にお願いするかを決める際の重要な判断材料です。多少の能力や経験の不足であれば，熱意によって十分補うことができるからです。また，面接では，demonstrate **eagerness** to learn about the company（会社について学ぶ熱意を示す）ことができれば有利です。

入社後は，**eagerly** work（熱心に仕事をする）や，**eagerly** collaborate with members（メンバーと熱心に協調して取り組む）ことが求められます。

練　習

基本例文をもとに，文を作成してみましょう。

> 「誰が」の部分を変える
> ⇒「私は」の部分を他の人や組織に置き換える

- 「私の部下は」，勉強熱心だ。

    My subordinate is eager to learn.

- 「我々のスタッフは」，勉強熱心だ。

    Our staff members are eager to learn.

    （注）太字部分を置き換えたことにより，波線部分が変化。

第 2 章 英 語 表 現

> 「熱心になっている対象」の部分を変える
> ⇒「学ぶこと」の部分を置き換える

- 私は,「独創的な発想を生み出すこと」に意欲的だ。
  I am eager **to produce a unique idea.**
- 私は,「会社を活性化すること」に意欲的だ。
  I am eager **to revitalize the company.**
- 私は,「金メダルを取ること」に意欲的だ。
  I am eager **to win a gold medal.**
- 私は,「あなたのビジネスに参画すること」に意欲的だ。
  I am eager **to join your business.**
- 私は,「顧客の苦情に対応すること」に意欲的だ。
  I am eager **to handle customer complaints.**

あなた自身で作る文

> ～あなたがどういうことに対して熱心なのかを伝える文～

■ make every possible effort to
　～するためにあらゆる努力をする

基本例文	I will **make every possible effort to** win.
	私は勝つために,あらゆる努力をするだろう。

第Ⅱ部　アピール力のある英語表現（短文）

説　明

Make every possible effort to を加えることで，何かをしようとする際の意思の強さが伝わります。反対に，意思がそれほど強くない場合にこの表現を使うと，後で，「最善を尽くしてくれるつもりだと思っていたのに」と，相手をがっかりさせかねません。特に，欧米人相手の場合は，言葉通りにメッセージを受け取る傾向が強いので，注意が必要です。

練　習

基本例文をもとに，文を作成してみましょう。

> 「誰が」と，「あらゆる努力をする対象」を変える
> ⇒「私は」と「勝つために」の部分を置き換える

- 私は，「部下を動機付けるために」，あらゆる努力をします。
  I will make every possible effort to **motivate my subordinates.**
- 「商品企画者たちは」，「作業を合理化するために」，あらゆる努力をするでしょう。
  Product planners will make every possible effort to **streamline the operation.**
- 私は，「取引の過程を最適化するために」，あらゆる努力をします。
  I will make every possible effort to **optimize business processes.**
- 私は，「素晴らしい結果を出すために」あらゆる努力をします。
  I will make every possible effort to **deliver excellent results.**

第2章 英語表現

- 私は,「職能上の枠を超えたチームを管理するために」,あらゆる努力をします。

　I will make every possible effort to **manage the cross-functional team.**

あなた自身で作る文

```
～何に対してあらゆる努力をするつもりなのかを伝える文～
```

実績を伝える

■ achieved (achievement)
達成した（達成）

基本例文	He **achieved** his goal.
	彼は,目標を**達成**した。

説　明

「何かを実現する」という意味を表す言葉で, **achieve** の後に,「何を実現するのか,したいのか,あるいはしたのか」という対象を入れます。本書で学ぶことで,あなたが, **Achieve** your career goal（仕事上の目標を達成）することができますように！

　転職の際の面接や業績レビューの場などでは, **achievements**（実績）という単語を用いて, What are your major **achievements**?

63

第Ⅱ部　アピール力のある英語表現（短文）

(あなたの実績は何ですか？) と聞かれることがあります。また, レジュメ（英文履歴書）には, 実績を記載するための **Achievements** という項目をしばしば見かけます。**Achievements** of the UN summit は,「国連サミットの実績」という意味です。

練　習

基本例文をもとに, 文を作成してみましょう。

```
「誰が」・「達成する対象」・「達成する時期」を変える
⇒「彼は」・「目標を」・「達成した」の部分を置き換える
```

- 「その会議は」,「大幅なコスト節減を」達成した。
  The conference achieved **significant cost savings.**
- 彼は,「観客動員数を20％増加」した。
  He achieved **a 20 percent increase in attendance.**
- 彼は,「世界記録を」達成した。
  He achieved **a world record.**
- 彼は, 彼の目標を「達成するだろう」。
  He **will achieve** his goal.

あなた自身で作る文

```
〜あなたが何を達成したのかを伝える文〜
```

第2章 英語表現

■ analyzed (analysis・analyses・analytical)
分析した（分析の単数形・分析の複数形・分析の）
説　明

基本例文	I **analyzed** the market in detail.
	私は市場を詳細に分析した。

　インターネットを通じて誰もが容易に情報を入手することができるようになった今日，求められるのは，入手した情報を分析し，関係性を見出す力です。

　Your **analysis** impressed me（あなたの分析に感心した）と言われるレベルにまで，**analytical skill**（分析するスキル）を磨きたいものです。

練　習
基本例文をもとに，文を作成してみましょう。

> 「誰が」・「分析する対象」・「分析の時期」を変える
> ⇒「私は」・「市場を」・「分析した」の部分を置き換える

- 「私の部下は」，「試験で得られた情報を」詳細に分析した。

    My subordinate analyzed **the data from the tests** in detail.

- 「私の同僚は」，「キャッシュフロー（現金の流出入）計算書を」詳細に分析した。

    My colleague analyzed **the cash flow statement** in detail.

第Ⅱ部　アピール力のある英語表現（短文）

- 「私の友人は」「人口の動向情報を」詳細に「分析している」。
  My friend is analyzing the population trend data in detail.

あなた自身で作る文

~あなたがどんな分析をしたのかを伝える文~

■ completed（completion）
完了した（完了）

基本例文	I **completed** the project on schedule.
	私はプロジェクトを予定通りに完了した。

説　明

　人・物・金を潤沢に使えない中で，予定通りに仕事を完了することは，容易ではありません。だからこそ，on schedule（予定通り）に，かつ，within budget（予算内）で仕事を **complete**（完了）できる，つまり **completion**（完了）の約束を守ることができると，信頼されます。

練　習

　基本例文をもとに，文を作成してみましょう。

> 「誰が」と，「完了する対象」を変える
> ⇒「私は」と，「プロジェクトを」の部分を置き換える

第2章 英語表現

- 「私のプロジェクトチームは」,「今月度の進捗報告書」を予定通りに完了した。

    My project team completed **this month's progress report** on schedule.

- 「私の知り合いは」,「面白い記事」を予定通りに完了した。

    My acquaintance completed the exciting article on schedule.

- 「私の顧客は」,「支払い」を予定通りに完了した。

    My client completed **making payments** on schedule.

あなた自身で作る文

～あなたが何を完了したのかを伝える文～

■ contribute to (contribution)
貢献する（貢献）

基本例文	I bilieve my colleague will **contribute to** the team.
	私は，私の同僚がチームに**貢献する**だろうと信じている。

説 明

　米国では，大学院の選考基準の一つに，応募者の大学院への**contribution**（貢献）の度合いがあります。所属している組織にどれだけ**contribute**（貢献する）できるのかが，日本でも問われる時代になってきました。 かつての年功序列から，**contribution**に応

じた給与体系に変えた日本の企業もあります。

　John F. Kennedy（ジョン・フィッツジェラルド・ケネディ）元大統領の有名な演説に，Ask not what your country can do for you, but what you can do for your country（国家があなたのために何をしてくれるかではなく，あなたが国家のために何ができるかを問おうではないか）という文がありますが，これが，まさしく **contribution** について説いている部分です。

練　習

基本例文をもとに，文を作成してみましょう。

> 「貢献する対象」の部分を変える
> ⇒「チームに貢献すること」を置き換える

- 私は，「チームが自信を取り戻すこと」に，彼が貢献すると信じている。

    I believe he will contribute to **his team regaining confidence.**

- 私は，「彼の会社が好ましいポジションを確保すること」に彼が寄与すると信じている。

    I believe he will contribute to **his company securing a favorable position.**

あなた自身で作る文

> ～あなたが何に貢献したのかを伝える文～

■ created (creativity・creation・creative)
創造した(創造性・創造・創造的な)

基本例文	Our new employee **created** the software program.
	我々の新しい従業員が,ソフトウエア・プログラムを創った。

説　明

　失業率を下げるためには,**create new business ideas**(新しいビジネスのアイデアを創出する)ことにより,**create jobs**(雇用を創出)しなければなりません。

　今後ますます,**creativity**(創造性)・work **creatively**(創造的に働くこと)・**creative** person(創造的な人)・**creative** vision(創造的なビジョン)・**creative** solution(創造的な解決策)・**creation**(創造すること)へのニーズは高まるでしょう。

練　習

基本例文をもとに,文を作成してみましょう。

「創造する対象」の部分を変える
⇒「新しいソフトウエア・プログラム」を置き換える

- 新しい従業員が,「日本と中国の間の懸け橋」を創った。
  Our new employee created **a bridge between Japan and China.**
- 新しい従業員が,「実行可能な事業計画」を創った。
  Our new employee created **a feasible business plan.**

- 新しい従業員が,「有益なデータベース」を創った。

Our new employee created **a useful database.**

あなた自身で作る文

~あなたが何を創造したのかを伝える文~

■ Implemented (Implementation)
実施した(実施)

基本例文	The administration **implemented** a sound strategy. 政権は,健全な戦略を**実施**した。

説 明

Doより,「実施する」ことを意味する **implement** を使う方が,アピール力があります。

Walk the talk(有言実行する)という表現があるように,**ability to implement**(実施する能力)を示して結果を出すためには,inaction(何もしないこと)ではなく,実施することが有益だと判断した上で,**implement** しなければなりません。「実施すること」は **implementation** で,たとえば,**implementation** of reforms(改革の実行)という形で使われます。

練 習

基本例文をもとに,文を作成してみましょう。

第 2 章　英 語 表 現

> 「実施したこと」の部分を変える
> ⇒「健全な戦略」を置き換える

- 政権は,「施策を」実施した。
  The administration implemented **measures.**
- 政権は,「危機管理の計画を」実施した。
  The administration implemented **crisis management plans.**
- 政権は,「効果的な解決策を」実施した。
  The administration implemented **effective solutions.**

練　習

基本例文をもとに,文を作成してみましょう。

> 「実施の時期」を変える
> ⇒「実施した」を置き換える

- 政権は,健全な戦略を「2年後に実施するだろう」。
  The administration **will implement** a sound strategy **in two years.**
- 政権は,健全な戦略を「実施してきている」。
  The administration **has been implementing** a sound strategy.

あなた自身で作る文

~あなたが何を実施したのかを伝える文~

第Ⅱ部　アピール力のある英語表現（短文）

■ improved (improvement)
改善した（改善）

基本例文	My section **improved** productivity.
	私の課は，生産性を改善した。

説　明

日々の業務や生活で改善を実施できると，アピール力が高まります。**Improve** work-life balance（仕事と生活のバランスを改善する）ことにつながるような生産性の改善が，求められています。

「改善」は **improvement** で，たとえば，effort to improve business processes（ビジネスプロセスの改善のための努力）のように使われます。

練　習

基本例文をもとに，文を作成してみましょう。

「誰が」・「改善する対象」・「改善する時期」を変える
⇒「私の課は」・「生産性を」・「改善した」を置き換える

- 「我々の子会社は」，「仕事の流れを」改善した。
  Our subsidiary improved **the workflow.**
- 「あの会社は」，「競争力を」「改善するだろう」。
  That company will improve its competitiveness.
- 「あの建設会社は」，「デザインの品質を」「日々改善している」。
  That construction company is improving design quality on a daily basis.

第 2 章　英　語　表　現

> 強調する
> ⇒「強調する単語を」追記する

- 私の課は，生産性を「明らかに」改善した。
  My section **clearly** improved productivity.
- 私の課は，生産性を「大いに」改善した。
  My section **significantly** improved productivity.

あなた自身で作る文

〜あなたが何を改善したのかを伝える文〜

■ increased（increase・increasingly）
増やした（増加・ますます）

基本例文	Our factory **increased** production.	
	我が社の工場では，生産が増えた。	

説　明

　事業計画立案の時期になると，営業担当の方は，対前年比でどれだけの sales **increase**（販売増）を見込むのが適切なのか，頭を悩ませます。販売金額や市場占有率などは，どれだけ増加させたかという実績を定量的にアピールすると，効果的です。

　Increase で「増やす」という意味と，increase in sales（販売に

73

おける増加）という例に見られるように，「増加」の両方の意味があるので，注意してください。**Increasingly** は「ますます」という意味で，**increasingly** gain market share（ますます市場占有率を獲得する）といった形で使われます。

練 習

基本例文をもとに，文を作成してみましょう。

> 「増やす対象」を変える
> ⇒「生産」を変える

- わが社の工場の「収入が」増えた。
  Our factory increased **revenue.**
- わが社の工場では，「価格の柔軟性が」増した。
  Our factory increased **price flexibility.**
- わが社の工場で働く「従業員」が，より「幸せ」になった。
  Our factory increased **worker happiness.**

> 「誰が」と，「増やす時期」を変える
> ⇒「わが社の工場は」と，「増やした」を変える

- 「我々の顧客は」，生産を「来年増やすだろう」。
  Our client will increase production **next year.**
- 「我々の顧客は」，生産を「継続して増やし続けている」。
  Our client has been consistently increasing production.

第 2 章　英　語　表　現

あなた自身で作る文

~あなたが何を増やしたのかを伝える文~

■ strengthened (strength)
強化した（強み）

基本例文	Stakeholders **strengthened** relationships.
	利害関係者は，関係を**強化**した。

説　明

　グローバル化が進んだ今日，国は，**strengthen** ties with other countries（他国と関係を強化する）ことが，そして，企業では，**strengthen** ties with various stakeholders（多様な利害関係者と関係を強化する）ことがますます求められています。

　転職の面接や大学院留学用のエッセイでは，What are your **strengths**？（あなたの強みは何ですか）と聞かれる場合があります。職場環境が激変する中，個人も，自分の **strengths**（強み）が何かを常に意識して，**strengthen** skills（スキルを強化する）しておくことが必須です。

練　習

　基本例文をもとに，文を作成してみましょう。

第Ⅱ部　アピール力のある英語表現（短文）

> 「強化する対象」を変える
> ⇒「関係」を変える

- 利害関係者は，彼らの「努力を」強化した。
  Stakeholders strengthened **their efforts.**
- 利害関係者は，「環境問題に関する対話を」強化した。
  Stakeholders strengthened **dialogue on environmental issues.**
- 利害関係者は，「協力を」強化した。
  Stakeholders strengthened **their cooperation.**
- 利害関係者は，「開発のための基盤を」強化した。
  Stakeholders strengthened **the basis for development.**

> 「誰が」の部分と，「強化する時期」を変える
> ⇒「ステークホルダーは」と，「強化した」を変える

- 「設計者は」，「将来」関係を強化「するだろう」。
  Engineers will strengthen relationships **in the future.**
- 「設計者は」関係を強化「してきている」。
  Engineers have been strengthening relationships.

あなた自身で作る文

～あなたが何を強化したのかを伝える文～

第 2 章　英語表現

成功を伝える

■ successfully(success・successful・succeeded)
成功裏（せいこうり）に（成功・成功している・成功した）

基本例文	The new manager **successfully** supervised a staff of 5.
	新しいマネージャーが，5人のスタッフを成功裏に監督した。

説　明

Successfully を入れることで，何かを成功裏に行ったことを伝えることができます。その際には，「成功と呼べる根拠」も示すことができるようにしておくことが，肝要です。

「成功」は，**success** で，The meeting was a **success**（会議は成功だった）といった形で使います。It was a **successful** meeting（成功した会議だった）と言うこともできます。「成功する」は **succeed** で，The meeting **succeeded** in raising awareness（会議は関心を高めることに成功した）といった例があります。

練　習

基本例文をもとに，文を作成してみましょう。

> 「成功している対象」を変える
> ⇒「5人のスタッフを監督すること」を変える

- 私は，本社とうまく「連絡を取り合った」。

    I successfully **communicated with the head office.**

- 私は，「会議の手配を」成功裏に行った。

    I successfully **made arrangements for the meeting.**

第Ⅱ部　アピール力のある英語表現（短文）

- 私は，「質問に」うまく「答えた」。

    I successfully **answered the questions.**

- 私は，「事業計画を」成功裏に「立案した」。

    I successfully **made the business plan.**

- 私は，「標準のルールを」成功裏に「確立した」。

    I successfully **established the standard rules.**

あなた自身で作る文

〜あなたが成功したことを伝える文〜

リーダーシップを伝える

■ **initiated**（initiate・initiation・initiative）
（努力を伴って）始めた（始める・開始・自発性）

基本例文	The Minister **initiated** an effective policy.
	大臣は効果的な政策を（努力して）始めた。

説　明

　マネージャーとリーダーの違いが，話題になることがあります。マネージャーは管理をする人で，リーダーはビジョン（展望）を持って周りを率いていく人という説明が一般的なようです。

　簡単には始められない新しいことを努力して **initiate**（始める）す

78

るためには力が要りますし，開始 (**initiation**) の前には，十分な準備が欠かせません。そして，一旦開始したら，積極的な **initiative**（自発性）を発揮することが望まれます。

練 習

基本例文をもとに，文を作成してみましょう。

> 「誰が」と，「始めた対象」を変える
> ⇒「大臣が」と，「効果的な政策」を変える

- 私は，「改革を」始めた。
  I initiated **reforms.**
- 私は，「回復のためのプログラムを」始めた。
  I initiated **a recovery program.**

あなた自身で作る文

~あなたが始めたことを伝える文~

■ led (lead・leader・leadership)
率いた（率いる・リーダー・リーダーシップ）

基本例文	I **led** a successful compaign.
	私は，成功したキャンペーンをリーダーとして率いた。

第Ⅱ部　アピール力のある英語表現（短文）

説　明

　Lead（率いる）は，先頭に立って進むイメージです。**Led** は，「率いた」という意味です。リーダー（**leader**）としての実績をアピールする際には，具体的にどう率いたのか，エピソードと共に語ると効果的です。リーダーだけでなく，リーダーについていくfollower（追随者）の存在も大切です。

練　習

基本例文をもとに，文を作成してみましょう。

「誰が」と，「率いた対象」を変える
　⇒「私は」と，「成功したキャンペーンを」変える

- 「会計マネージャーは」，「10名のメンバーを」率いた。
  The accounting manager led **a group of 10 members.**
- 「会計マネージャーは」，「多様性のあるチームを」率いた。
  The accounting manager led **a diverse team.**
- 「私は」，「町を変革する動きを」率いた。
  I led **a movement to transform the town.**

あなた自身で作る文

〜あなたが率いたことを伝える文〜

第 2 章　英 語 表 現

能力を伝える

■ ability to (ability・able to)
〜する能力（能力・〜できる）

基本例文	I have the **ability to** communicate in English. 私は，英語で意思疎通する能力がある。

説　明

2009年は，government's **ability to** deal with the financial crisis（金融危機に対処する政府の能力）や **ability for** leadership（リーダーシップの能力）が問われた年でした。

　I **am able to** handle my anger（私は怒りをコントロールすることができる）という形で使われることもあります。この場合，「私は」ではなく「彼は」であれば，He **is able to** となりますし，「我々は」であれば，We **are able to** と形が変わりますので，注意してください。

練　習

基本例文をもとに，文を作成してみましょう。

> 「誰が」と，「持っている能力」を変える
> ⇒「私は」と，「英語で意思疎通する能力」を変える

- 「社長は」，「変化する職場環境に適応する」能力がある。

  The President has the ability to adapt to changes in the work environment.

　（注）　最初の太字部分の置き換えにより，波線部分が変化。

第Ⅱ部　アピール力のある英語表現（短文）

- 私には，「道徳的に行動する能力」がある。

   I have **the ability to act morally.**
- 私には，「グループの中でうまく働く能力」がある。

   I have **the ability to work well in a group.**

あなた自身で作る文

~あなたが持っている能力を伝える文~

■ capable of (capability)
~する能力（能力）

基本例文	I am **capable of** negotiating with flexibility.
	私は，柔軟性を持って交渉する能力がある。

説　明

　Ability が able to cope with fear（不安に対処できる）という例のように，able to と形が変わるのに対して，**capability** は，**capable of** と形が変わり，たとえば，**capable of presenting**（発表することができる）となるので注意してください。

練　習

　基本例文をもとに，文を作成してみましょう。

第2章　英語表現

> 「誰が」と，「どういう能力を持っているか」を変える
> ⇒「私は」と，「柔軟性を持って交渉する能力」を変える

- 「我々の競争相手には」，「その説を証明する能力」がある。
  Our competitor is capable of **proving the theory.**
  （注）最初の太字部分の置き換えにより，並線部分が変化。
- 私には，「安全性を保証する能力」がある。
  I am **capable of ensuring safety.**
- 「私は」，「産業界の人たちと協力すること」ができる。
  I am **capable of collaborating with others in the industry.**

あなた自身で作る文

～あなたの能力を伝える文～

提供できることを伝える

■ offer（offering）
　提供する（提供すること）

基本例文	We **offer** a free lesson.
	私たちは，無料レッスンを提供している。

第Ⅱ部　アピール力のある英語表現（短文）

説　明

　仕事にせよ商売にせよ，労力・サービスや商品を提供して給与や代金をもらう，という give and take（持ちつ持たれつ）という関係で成り立っています。採用担当者や購入検討者は，What can you **offer** us?（あなたは，私たちに何を提供できるのか）を知りたがっています。Provide も同様な意味で使われます。

　Offer には，「提供する」という意味に加えて，たとえば，Our **offer** includes training（我々の申し出は，訓練を含んでいる）というように，「申し出」という名詞の意味もあります。

練　習

基本例文をもとに，文を作成してみましょう。

> 「誰が」と，「提供するもの」を変える
> ⇒「私たちは」と，「無料レッスンを」変える

- 「あのレストランは」,「素晴らしいサービスを」提供している。
  That restaurant provides **a great service.**
  　（注）　最初の太字部分の置き換えにより，波線部分が変化。
- 私たちは,「電気自動車の使用に対して奨励金を」提供している。
  We give **incentives for use of electric vehicles.**
- 私たちは,「顧客にいい恩恵を」提供している。
  We offer **good benefits to clients.**
- 私たちは,「デザインについての建設的な意見を」提供している。
  We provide **constructive feedback on design.**

84

- 私たちは「貴社に必要な資源を」提供している。

　We provide **the necessary resources for** your company.

あなた自身で作る文

～あなたが提供するものを伝える文～

雑誌やネットから抜粋した，offerを用いた例

- Offer the ultimate experience.
  究極の体験を提供する。
- Offer our guests the opportunity to spend irreplaceable moments.
  私たちのゲストが，かけがえのない時を過ごせる機会を提供します。(irreplaceable＝かけがえのない)
- Offer our original ideas.
  我々の独創的な発想を提供する。
- Offer our guests the opportunity to enjoy superb food in a relaxed atmosphere.
  私たちのゲストに，くつろいだ雰囲気で素晴らしい食べ物を楽しんでもらう機会を提供します。
  (superb＝素晴らしい・relaxed＝くつろいだ)
- Offer valuable products.
  価値ある商品を提供する。
  (valuable＝価値ある)
- Offer a sizable discount on programs.
  プログラムに対して，大幅な割引を提供する。

第Ⅱ部　アピール力のある英語表現（短文）

順位を伝える

■ the best
ベストな（最善の）

基本例文	We have **the best** service in Tokyo. 私たちは，東京の中で**最良の**サービスを提供しています。

説　明

　自分が持っているもの，提供できるものなどが，競合などと比べて優れている場合に，**the best**（一番の）など，順位を示す言葉を用いることができます。

練　習

　基本例文をもとに，文を作成してみましょう。

> 「誰が」と，「一番のもの」を変える
> ⇒「私たちは」と，「東京の中で最良のサービス」を変える

- 「私たちの小売店は」，「洋服の品揃えが一番」だ。
  Our retail shop has the best selection of clothes.
  （注）　最初の太字部分の置き換えにより，波線部分が変化。
- 私たちは，「部内で，最良のチーム」を持っている。
  We have the best team in the department.
- 私たちは，「米国中で，一番の海岸を」持っている。
  We have the best beaches in the USA.

第 2 章 英語表現

> 最良であることを強調する
> ⇒「強調する単語を」追記する

- 私たちは,「最高のケアを」提供している。
  We provide **the very best care.**
- 私たちは,「疑いもなく」, 最高のケアを提供している。
  We provide, **without doubt,** the very best care.

あなた自身で作る文

~最良のものを伝える文~

雑誌やネットから抜粋した，best を用いた例

- You can have the best of everything.
  あなたは全てにおいて，最良のものを持つことができる。
- the world's best snorkeling spot
  世界で一番のシュノーケリングの場所

雑誌やネットから抜粋した，その他の順位を表す例

- the brightest member in the industry
  産業界で最も聡明なメンバー
- the easiest and least costly elements to develop
  開発するのに，最も簡単で費用が安い要素
- the most respected research center in the world
  世界で最も権威のある研究センター
- the simplest way to create programs
  プログラムを創るのに最も簡単な方法

第Ⅱ部　アピール力のある英語表現（短文）

- the world's most amazing wilderness areas
  世界で最も素晴らしい自然保護区域
- What is the number one reason for divorce?
  離婚の最大の理由は何か？

■ outstanding
卓越した

基本例文	Your secretary is an **oustanding** speaker. あなたの秘書は**卓越した**話し手だ。

説　明

　米国の大学院に誰かを推薦する際，Please rate the applicant（応募者を評価してください）と依頼されることがしばしばあります。An **outstanding** studentを推薦する場合は，たとえば4段階評価（「平均以下」・「平均」・「平均以上」・「卓越している」）で，一番上の **outstanding**（卓越している）という順位になります。

　Outstanding cost performance（卓越した費用性能比）を持っている商品は不況下でも売れやすいですし，**outstanding** performance（卓越した実績）がある人は，転職も有利です。

練　習

基本例文をもとに，文を作成してみましょう。

> 「誰が」と，「卓越しているもの」を変える
> ⇒「あなたの秘書は」と，「卓越した話し手」を変える

- 「あなたの部長」は,「卓越した聴き手」だ。
  Your General Manager is an **outstanding listener.**
- あなたの秘書は,「卓越したチームプレイヤー」だ。
  Your secretary is **an outstanding team player.**
- あなたの秘書は,「卓越した伝達者」だ。
  Your secretary is an **outstanding communicator.**

あなた自身で作る文

～卓越しているものを伝える文～

確信を伝える

■ absolutely（absolute）
絶対に（絶対的な）

基本例文	I **absolutely** intend to achieve it.
	私は,絶対にそれを達成するつもりだ。

説　明

　文章に,**absolutely** を入れることで,確信を伝えることができます。米国人は,この言葉を好んでよく使います。たとえば「本当ですか」という質問に,単独で,**Absolutely!**（もちろん),あるいは同様な意味を表す**100％!**（one hundred percent!）と答えたりします。

第Ⅱ部　アピール力のある英語表現（短文）

皆さんも，自信があることについては，Can you do it?（あなたはそれをできますか？）や，Is this good?（これは良いですか？）と聞かれたら，**Absolutely!** と答えると，相手に強いメッセージが伝わります。

練　習

基本例文をもとに，文を作成してみましょう。

> 「誰が」と，「確信を持っている対象」を変える
> ⇒「私は」と，「それを達成する」を変える

- 「新しいプロジェクトメンバーは」，絶対に「学校を建てる」つもりだ。

    The new project member absolutely intends to **build a school.**

    （注）　最初の太字部分の置き換えにより，波線部分が変化。

- 「新しいプロジェクトメンバーは」，絶対に「この契約を獲得する」つもりだ。

    The new project member absolutely intends to **win this contract.**

- 私は絶対に，「起業する」つもりだ。

    I absolutely intend to **start my own company.**

- 私は絶対に，「有権者を説得する」つもりだ。

    I absolutely intend to **convince the voters.**

- 私は絶対に，「海外で働く」つもりだ。

    I absolutely intend to **work abroad.**

第2章 英語表現

あなた自身で作る文

～あなたが確信をもってしようとしていることを伝える文～

■ certain (certainly・certainty)
確信している（確かに・確実性）

基本例文	I am **certain** he will organize an exciting event.
	私は，彼が面白い行事を開催すると**確信している**。

説　明

I am certain（私は確信している）と言う方が，think（思う）を使うより，一段と説得力があります。人以外にも，**I am certain this is good for you**（これはあなたにとって良いものだと確信している）というように，商品やサービスを薦める際にも使うことができます。

I am absolutely certain や，with absolute certainty（絶対的な確信を持って）というように，**absolutely** や **absolute** を加えることで，確信の度合いを強めることもできます。

「確かに」は，**certainly** で，absolutelyと同じように質問に対する答えや，I will **certainly** input the data（もちろん，情報を入力します）と行動を強調する目的で使ったりします。

練　習

基本例文をもとに，文を作成してみましょう。

第Ⅱ部　アピール力のある英語表現（短文）

> 「確信を持っている相手」と，「対象」を変える
> ⇒「彼は」と，「面白い行事を開催すること」を変える

- 私は，「新しい研究の助手」が，「システムを今年設計する」と確信している。

  I am certain **the new research assistant** will **design the system this year.**

- 私は，彼が「受賞する」だろうことを確信している。

  I am certain he will **receive an award.**

- 私は，彼が「有名な歌手になる」と確信している。

  I am certain he will **become a famous singer.**

- 私は，彼が「発表の準備を十分にする」と確信している。

  I am certain he will **fully prepare for the presentation.**

あなた自身で作る文

~あなたが確信していることを伝える文~

強調を伝える

■ strongly (strong)
強く（強い）

基本例文	I **strongly** recommend him for the job.
	私はその仕事に，彼を**強く**推薦する。

説 明

誰かを「強く推薦する」ことを示したい時に，**strongly** を使います。また，誰かの意見に強く同意する時には，I **strongly** agree with your opinion（あなたの意見に強く同意する）と伝えて応援することができます。

その他の用例としては，**strongly** backed by the management（経営陣からの強い支持を得ている）や，**based on my strong belief**（私の強い信念に基づいて）といった形があります。

練 習

基本例文をもとに，文を作成してみましょう。

> 「誰が」と，「強い意思を向けている対象」を変える
> ⇒「私は」と，「その仕事に彼を推薦すること」を変える

- 「私の母親は」「私が一人旅しないよう」強く「忠告」している。

    My mother strongly **advises against my traveling alone.**

    （注） 最初の太字部分の置き換えにより，波線部分が変化。

第Ⅱ部　アピール力のある英語表現（短文）

- 「教授は」,「その発想を」強く「信じている」。

    The professor strongly **believes in the idea.**

- 私は，強く，「彼をその地位に就かせることを検討するようにあなたに促します」。

    I strongly **urge you to consider him for the position.**

あなた自身で作る文

~あなたが強い気持ちでしようとしていることを伝える文~

4　その他の英語表現の一覧

　実際に広告・雑誌・ネットなどで使用されている表現で，アピール力があるものを紹介します。会話や文章で活用していただきやすいよう，単語ではなく，あるまとまった単位で列挙しました。

順位を示す

- one of America's leading universities
    アメリカの優れた大学の一つ
- ranks No.1 in US market
    米国市場で1位に位置している
- top performers
    成績優秀者たち
- top-rated restaurant
    一流のレストラン

- the ultimate adventure
  究極の冒険

程度を示す

- an opportunity unlike any other
  他に類を見ない機会
- a comprehensive selection of products
  包括的な商品の品揃え
- a-once-in-a-lifetime chance
  人生で一度きりのチャンス
- a unique opportunity to see
  見ることができるまたとない機会
- advanced techniques
  高度な技術
- affordable solutions
  手頃な値段の解決策
- essential part
  不可欠な部分
- extensive knowledge
  広範囲な知識
- leading-edge technology
  最新の技術
- high-level thinking
  高水準の思考
- high-performing companies
  高業績の会社

第Ⅱ部　アピール力のある英語表現（短文）

- high-quality care
  高品質な介護
- highly collaborative
  極めて協調的な
- more convenient and affordable
  より便利で手頃な
- seasoned practitioner
  熟練した実行者
- significantly less money
  はるかに少ない金額
- unmistakable impact
  紛れもない影響
- unforgettable experience
  忘れることができない経験
- unrivaled expertise
  無敵の専門性
- world-class event
  世界的な行事
- your Incomparable choice
  あなたにとって，無類の選択

スキル・能力・資質・経験に関する特徴を伝える

- clear and concise communication
  明確で簡潔な伝達
- coherent and logical explanation
  理路整然としていて，わかりやすく論理的な説明

第 2 章　英 語 表 現

- customer-driven
  顧客主義の
- data-driven, financial-minded approach
  データに基づいた財務志向の取り組み
- disciplined leadership
  しっかりとしたリーダーシップ
- engaging style of teaching
  興味をそそる教え方
- entrepreneurial spirit
  企業家精神
- firm grasp
  しっかりとした理解
- highly dedicated and motivated colleagues
  熱心でやる気が高い同僚
- insightful commentary
  洞察力のある解釈
- inspirational leader
  人を鼓舞するリーダー
- international experience
  国際的な経験
- powerful message
  力強いメッセージ
- productive team
  生産的なチーム
- resilient and adaptive
  立ち直りが早くて適応できる

第Ⅱ部　アピール力のある英語表現（短文）

- solid understanding
  確固とした理解
- strong value proposition
  強力な価値提案
- succinct and convincing
  簡潔で説得力のある
- systematic and dynamic approach
  体系的で力強い取り組み
- thorough understanding
  徹底した理解
- valuable skills
  価値あるスキル（技能）
- viable approach
  実行可能な取り組み

スキル・能力・資質・経験以外に関する特徴を伝える

- a rich resource for networking
  人脈を作るための豊富な資源
- aggressive growth initiatives
  成長のための積極的な取り組み
- anywhere/anytime option
  どこでも，いつでも使える選択肢
- appropriate key performance indicators
  適切な主要業績評価指標
- continuous improvement
  継続した改善

第 2 章　英語表現

- distinguished organization
  有名な組織
- easy-to-memorize
  記憶するのが容易な
- effective risk management approaches
  効果的な危機管理の手法
- exclusive access
  独占的な利用
- highly interactive
  高度に双方向的な
- impeccable taste
  申し分のない味
- key drivers
  主要な推進力
- lively discussion
  活発な議論
- measurable gains in revenue
  計測できる収入増
- meticulous care for detail
  細部にまで行き届いた注意
- must-have
  必須で持つべき
- packed with practical advice
  実践的なアドバイス満載の
- powerful benefits
  強力な恩恵

第Ⅱ部　アピール力のある英語表現（短文）

- practical and up-to-date
  実践的で最新の
- prestigious prize
  名声のある賞
- source of competitive advantage
  競争上の優位性の源
- spectacular array of art
  目を見張るようなたくさんの芸術
- the latest trend
  最新の傾向
- unlimited access
  無制限の利用
- well-attended session
  参加率が高い集まり
- within walking distance from the hotel
  ホテルから歩いて行ける距離

人に関する実績を伝える

- Built trust among the employees.
  従業員の間に，信頼感を醸成した。
- Capitalized on internal and external relationships.
  内部と外部の関係を十分に活用した。
- Established an innovative culture.
  革新的な文化を作り上げた。
- Helped my subordinates excel at their work.
  部下がうまく仕事ができるよう支援した。

- Helped team members get out of their comfort zone.
  チームのメンバーが挑戦するよう支援した。
- Put in place a structured communication process.
  しっかりとした伝達のプロセスを整備した。
- Reinforced my skills in leadership.
  自分のリーダーシップスキルを強化した。
- Stretched my boundaries.
  自分の限界を広げた。

施策に関する実績を伝える

- Developed a competitive advantage over other companies.
  他の企業に対して，競争上優位に立った。
- Effectively mitigated risks.
  危険を効果的に軽減した。
- Ensured outcome-driven meetings.
  結果重視の会議が行われるようにした。
- Helped the company succeed in the global market place.
  グローバル市場で会社が成功できるよう貢献した。
- Made the critical and timely decisions.
  重大，かつ，タイミングが良い決定をした。
- Met customer needs in changing markets.
  変化する市場で，顧客が必要とするものを充たした。
- Maximized effectiveness and efficiency.
  効果と効率性を最大化した。
- Minimized the risk.
  危険を最小化した。

- Optimized resources.
  資源を最大限に利用した。
- Provided a detailed overview.
  詳細な概観を与えた。
- Provided many best practices.
  多くの成功事例を提供した。
- Seamlessly integrated all business units.
  全ての事業単位を継ぎ目なく統合した。
- Strategically managed the organization.
  組織を戦略的に管理した。

結果を伝える

- Consistently delivered excellent and meaningful results.
  継続して，素晴らしくかつ意味のある結果を出した。
- Generated exceptional and sustainable results.
  非常に優れていて，かつ，継続できる結果を出した。
- Held down costs.
  費用を抑制した。
- Improved results, using performance metrics.
  業績を測る指標を用いて，結果を改善した。
- Maximized value creation for the corporation.
  企業の価値創造を最大化した。
- Realized a greater return on investment.
  投資に対して，より多くの利益を実現した。
- Tracked and anticipated price movements successfully.
  過去の推移を見て，将来の価格の推移を正しく，予測した。

第Ⅲ部

アピール力のある英文

第1章

発信ツールに応じた効果的な書き方

1 はじめに

　今日私たちは，情報を発信するためのさまざまなツール（道具）を持っています。それぞれの発信ツールには，適切な英文の書き方があります。

　そこで，この章では，e-mail・最近急激な広がりを見せているミニブログのツイッター（Twitter）・ビジネス用SNS（ソーシャル・ネットワーキングサービス）のLinkedIn® professional networking servicesを取り上げ，それぞれに応じた，効果的な英文の書き方を説明します。

第Ⅲ部　アピール力のある英文

2　効果的な e-mail の書き方

1　簡潔に，わかりやすく書く

　多くの方にとって，一番身近な発信のツールは e-mail ではないでしょうか。筆者も多くの時間を e-mail を読んだり書いたりすることに使っています。

　大量のメールを処理する必要があると，一つ一つの e-mail をじっくりと読んでいる暇はありません。そこで，特にビジネスの現場では，e-mail を「簡潔に，わかりやすく書く」ことが必須となっています。

2　アピール力のある件名（Subject Line）を付ける

　メールを読んでもらうために，相手が関心を持つ件名を考えましょう。次の二つの件名はどうでしょうか。何か利点がありそうで，「本文を読んでみたい！」という気持ちになりませんか？

- What's In It For Me?　Find Out at the Web Seminar
  私が得られるものは何か？　Webセミナーで見つけてください。
- 3 Ways I can contribute to your company
  私が貴社に貢献できる三通りの方法

　この最初の例のように，文末に"？"や，"！"が付いている件

名をよく見かけます。一方，ピリオドは付いていない件名をよく受け取ります。

3 読んだだけで，要件がわかるような件名を付ける

本文が読まれるか読まれないかは，多くの場合，件名で決まります。件名によっては，迷惑メールと間違えられる恐れさえあります。以下の例文のように，要件がわかりやすい件名を書きましょう。

- Your Reply Requested
  回答をお願いします。
- Please reply by July 7
  7月7日までに返答してください。
- Reminder of the meeting
  会議についての念押し。

4 e-mailに入れるメッセージは，1つだけにする

e-mailには，複数のメッセージを盛り込まないようにしてください。件名と異なるメッセージが含まれていると，受け手が後でe-mailを検索する際に不便ですし，メッセージ自体も弱まってしまいます。

たとえば，「会議の開催案内」をするメールの最後に，「販売目標達成」の報告を「追加」で入れても，読み飛ばされてしまう恐れがあります。せっかく上げた業績は，しっかりとアピールできるよう，別メールに書きましょう。

5 わかりやすい構成で，書く

件名に続く最初の文または段落に，その e-mail を送る目的を記載して下さい。最後まで読まないと何が言いたいのかわからない e-mail では，アピールどころか，逆効果になってしまいます。

また，メッセージに関連して伝えたいポイントが複数あれば，次の例のように，連番を振るなど工夫をして，わかりやすい構成になるよう，心がけてください。

- 3 Ways I can contribute to your company
  私が貴社に貢献できる三通りの方法
  1．貢献できる一番目の方法
  2．貢献できる二番目の方法
  3．貢献できる三番目の方法

---

6 具体的に，書く

手紙と違って，e-mail は，多方面から大量に届きます。したがって，受け取り手が他の案件と混同せず素早く内容を理解できるように具体的に書くことが求められます。次の例を見てみましょう。

文　例

- The sales campaign was a success!
  その販売キャンペーンは，成功した！

文例についてのコメント

読み手の立場や，このキャンペーンをどれくらい知っているかによっては，この文だけだと，「どの商品？どの地域？いつ実施されたキャンペーン？当初の目標は？」など，知りたいことがたくさん頭に浮かぶかもしれません。

第1章　発信ツールに応じた効果的な書き方

具体性を増した文例

> - The 2009 car sales campaign in Osaka was a success!
>   It achieved twice the target sales amount.
>   2009年に大阪で開催された車の販売キャンペーンは成功し，売上金額目標の2倍を達成した。

7　送信する前に，読み直す

　日本語の e-mail でも同じですが，誤字や脱字などの間違いがないかどうか，送信する前に，必ず確認してください。実績・能力・やる気をアピールするための e-mail に，不注意による打ちそこないがあると，信憑性が一挙に落ちてしまいます。

確認のための表

　ここまで説明してきた「効果的な e-mail を書くためのポイント」を表に整理しました。効果的な e-mail を書いているかどうか，この表を用いて，時々見直しをしてみてください。
　その場合，ご自分の観点だけだと評価が偏ってしまう場合がありますので，職場の同僚や先輩・お友達の方などにも，あなたが書いた e-mail を読んでもらって意見を聞くといいでしょう。

できた項目にはチェックマークを！

第Ⅲ部　アピール力のある英文

確認のための表

効果的な e-mail を書くためのポイント	確認日	チェック
1　簡潔に，わかりやすく書く		
2　アピール力のある件名を付ける		
3　読んだだけで，用件がわかるような件名を付ける		
4　e-mail に入れるメッセージは，1つだけにする		
5　わかりやすい構成で，書く		
6　具体的に，書く		
7　送信する前に，読み直す		

3　ツイッターでの効果的なメッセージの書き方

　140字以内でその時々の意見・行事・ニュース・発想などを「つぶやく感覚で書く」ツイッター（Twitter）をマーケティングやブランド構築の目的で，活用することができます。実際に，ツイッターを使って効果を上げる企業が，日本でも増えてきました。とは言っても，140字を使って，一方的にアピールするだけでは，読み手もうんざりしてしまいます。

　大量のツイッターが飛び交っている中で読まれるためには，あなたのつぶやきに関心を持ってくれる人の数を増やす必要があります。

　つぶやき（tweets）に，読み手に役立つ情報を入れ，読む利点を感じさせるものにすることが，第一歩です。それでは，具体的にどういったことに気をつければいいのかを見てみましょう。

第1章　発信ツールに応じた効果的な書き方

1　つぶやきに書かれた関連情報を知りたいと思わせる

　雑誌タイム（TIME）のつぶやきには，読み手に「つぶやきで紹介されているURLを見てみたい」と思わせる工夫がなされています。いくつか例を見て見ましょう。

- See the best movies, TV shows, books and theater of the decade
　　この10年で最高の映画・TV番組・本と劇を見てください。
- The best canceled TV shows of the decade
　　この10年間に放映されなかった最高のTV番組とは。
- See the top 10 things you didn't know about Christmas
　　クリスマスについて，あなたが知らなかった上位10のことは次のとおりです。
- Should jurors be allowed to tweet from the jury box?
　　陪審員は，陪審員席からつぶやくことが許されるべきか。

　「ここ10年間の」・「実現しなかったこと」・「あなたが知らなかったこと」という表現を使ったり，また，答を知りたいと思わせるような質問を投げかけたりすることで，読み手の心にうまく働きかけています。また，次の例のように，ハウツー物（手引き情報）で，読み手の関心をひいているつぶやきもあります。

- How to lose weight in 10 days
　　10日で痩せる方法
- 3 Key Ways to Build Customer Relationships
　　顧客との関係を構築する3つの主要な方法

111

2　読んでもらいたい方たちに，フォーカスする

　前述した「雑誌タイムのつぶやき」に興味がない方も，もちろんいます。不特定多数の方を対象にするツイッターで，全ての方の関心をひこうとするのは，無理な話です。

　ですから，どういう方たちに自分のつぶやきを読んでもらいたいのかを考え，その方たちが関心を持ちそうなテーマ・質問をつぶやきに含めるようにしましょう。

　NASA（アメリカ航空宇宙局）と，米国の有名なワイナリー（ワイン醸造所）であるNapa Valley（ナパバレー）のつぶやきを見てみましょう。

- Made your New Year's resolutions yet? We suggest in 2010 you learn more about the universe

　新年の決意をもう決めましたか。2010年には，宇宙について，もっと知ることをお薦めします。

- Looking for a good Napa Valley holiday wine for $25 or less? Look no further

　Napa Valleyの25ドルまたはそれ以下の休日用ワインを求めていらっしゃるのなら，もう探す必要はありません。

3　読み手の共感を得る

　次の例のように，「ありがとう」という感謝の言葉や励ましのメッセージが入っているつぶやきは，読み手の心をつかみます。

第1章　発信ツールに応じた効果的な書き方

> • The building has just been renovated. Thanks to all who made it possible.
>
> 　建物の修復が終わったところです。修復を可能にしてくれた全ての人に，ありがとう。

4　必要な言葉を厳選する

　140字以内でメッセージを伝えるには，言葉を厳選して，無駄のない表現にすることが求められます。先ほどの Made your New Year's resolutions yet? の例では，Have you が，また，Looking for a good Napa Valley holiday wine for ＄25 or less? の例では，Are you が省略されています。

　Met w/our friend yesterday（友人と昨日会った）というつぶやきでは，"I"が省略され，また，"with"が"w/"という表記で書かれています。省略したりするのは，英語に慣れていないと，難しいです。

　まずはいろんな例を見て，使えそうだと思うものを自分のつぶやきの中で真似しながら，パターンを覚えていきましょう。

練　習

　ツイッター用のつぶやきを書いてみましょう。ツイッターに参加していない方も，読んでもらいたい方を想定して書いてみましょう。

第Ⅲ部　アピール力のある英文

アピール力のあるつぶやきになっているかどうか，次の表を参考にしながら，確認してみてください。

アピール力があるかどうかを確認するための表

アピール力のあるつぶやきを書くためのポイント	確　認
1　つぶやきに書かれた関連情報を知りたいと思わせる	
2　読んでもらいたい方たちに，フォーカスする	
3　読み手の共感を得る	
4　必要な言葉を厳選する	

4　効果的なSNSの書き方—
LinkedIn® professional networking services

1　LinkedIn®とは

　SNS（ソーシャル・ネットワーキング・サービス）には，多くの種類があります。ここでは，アピール力が特に求められるビジネス特化型 SNS のLinkedIn® professional networking services を例に，効果的な書き方を考えてみましょう。

　同サービスには，求職・求人・アドバイスを求める方が登録します。筆者は，この存在を米国サンフランシスコ在住の知人から，2009年に教えてもらいました。彼女の夫が英文履歴書を登録しておいたところ，某大手IT企業の採用担当者からコンタクトがあり，転職を決めたそうです。

第1章 発信ツールに応じた効果的な書き方

　その後，筆者も本書の執筆にあたり登録したところ，オーストラリア人の知人が，LinkedIn®を使って年末の挨拶をしてきました。そして，2010年初めには，社外セミナーで知り合ったインド人とイギリス人から，I'd like to add you to my professional network on LinkedIn.（LinkedIn上にある，私の仕事関連のネットワークに参加してもらいたいと思います）と彼らのネットワークに招待されました。知人が知人を紹介して人脈を拡大していく仕組みです。従来，自分の身近な人としか人脈を築きづらかったのが，今では，グローバルに人脈を構築することが容易にできる手段があるのです。

2　LinkedIn®に登録する情報

　登録に際しては，下記に掲載したような広範囲な情報を掲載します。また，レジュメ（英文履歴書）の情報を取り入れて使うこともできます。

> 名前・勤務先・肩書・職歴・受賞歴・学歴・専門・関心があること・連絡先・第三者に書いてもらった推薦文・自分のホームページのURL・ツイッターのアカウントなど

　ポイントは，他の発信ツールの時と同様，これらの項目について，「**具体的，かつ，簡潔にわかりやすく書く**」ことです。いくつかの項目を例と共に，見てみましょう。

■ Summary（要約）

　5 years of experience in Human Resources Development with focus on Organizational Development
　組織開発を中心とする5年間の人材開発の経験

115

第Ⅲ部　アピール力のある英文

■ **Current**（現在）

Human Resources Development Manager at Company A

A社での人材開発担当マネージャー

■ **Past**（過去）

Development of Educational Materials

教材の開発

■ **Education**（教育）

University of xx

xx大学

■ **Experience**（経験）

Human Resources Development Manager

人材開発担当マネージャー

April 2008-Present

2008年4月－現在

Organize HRD events such as training and seminar.

訓練やセミナーなどの人材開発の行事を開催。

■ **Professional Specialties**（職業上の専門性）

Accounting, trade, textile, career consultation, English

経理，貿易，繊維，キャリア指導，英語

なお，LinkedIn® のサイトには，各項目を入れる画面に，See examples（例を見てみましょう）と書かれた文があります。これをクリックすると，何を書けばいいのかについての簡単な説明と，例がいくつか掲載されています。それをまねて，ご自分の略歴を掲載されるといいでしょう。

第1章　発信ツールに応じた効果的な書き方

3　LinkedIn®による人脈の拡大

　日本ではまだ馴染みが薄いサービスですが，LinkedIn Corporationによると，2010年1月現在，LinkedIn®への登録者数は，全世界で5,500万人を超えているそうです。グローバル社会で力を発揮されたい方は，こういったサービスなども検討して，人脈を拡大されるのも一案です。

5　その他の発信ツールでの効果的な書き方

　これまで見てきた媒体と異なり，**商用の手紙などの正式な文書の場合には，記述にあたって，それぞれ守るべきルールがあります**。これらが守られていないと，内容がどんなに良くても，専門家としての能力を疑われかねません。

　拙書『英文自己PRと推薦状　磨こう！自己アピール力』（税務経理協会）にも，英文履歴書・カバーレター・英文推薦状について解説していますので，必要に応じて参照してください。

　また，**月報・週報・実績確認書・昇進審査のための書類**には，組織や所属部署で独自に決めた形式や書き方の決まりがある場合もありますので，それらを確認した上で，書くようにしましょう。

　英語で行う発表用資料も，本などを参考にして作成してください。一般に，図を多用するよりも，言葉でしっかりと伝える場合が多い

117

です。プレゼンテーションの場合は，「なぜあなたの発表に耳を傾けるべきなのか」を聞き手が冒頭部分でわかるよう，留意してください。あなたの発表に関心があって，その場にいるとは限らないわけですから！

第2章

アピール力のある文例
― 作 成 方 法 ―

1 はじめに

　業績や貢献の可能性の伝え方によって，アピール力は大きく異なります。応募している職種に適任だとしても，あるいは，成果を確実に出していたとしても，適切な伝え方を知らないが故に書類選考に通らなかったり，また，正当な評価を得られなかったりすることがあります。

　商品やサービスの場合も，同様です。提供しているものがどんなに良いものだとしても，相手に応じて効果的にアピールができないと，商品やサービスを購入してもらうことは難しくなります。

　そこでこの章では，「伝え方」に焦点を当て，「改善前」の文と，「改善後」の文を比較しながら，アピール力のある文を作成する方法を考えます。コツと留意点を知っていれば，効果的な伝え方をすることはさほど難しくありません。改善の過程がわかりやすいよう，順を追って，改善のポイントを説明します。

　前半は，「人や組織の実績・貢献の可能性をアピールする文」を

実績と，貢献をアピールする場合とで分けて解説します。そして後半は，「商品やサービスを薦める際に使える，効果や役立ち度をアピールする文」の例を取り上げます。

2 人や組織の実績をアピールする文

用途例
- 所属している組織での業績報告書・月報・週報や面談時
- 転職希望先や大学院への応募書類や面接時

改善のステップ

【例1】 売上・顧客数・市場占有率・ウエブサイトへのアクセス数などを増加させた実績を示す

■ 改善前
- I was responsible for sales.
  私は，販売の責任を担っていた。

ステップ 1 関連情報を追加する

■ 改善後
- I was responsible for sales of catering services to individuals in Western Japan.

第2章 アピール力のある文例―作成方法―

　私は，西日本の個人のお客様に対して，パーティ出張サービスを販売する責任を担っていた。

■ステップ❷　成果を示す

■ 改　善　後

- I increased sales significantly of catering services to individuals in Western Japan.

　私は，西日本の個人のお客様に対するパーティ出張サービスの販売を大きく増加させた。

説　明

販売増への貢献を示す「大きく増加させた」を追記しました。

■ステップ❸　できる限り，定量的にする

■ 改　善　後

- I increased sales of catering services to individuals in Western Japan by 80%, from ¥1 million to ¥1.8 million.

　私は，西日本の個人のお客様に対するパーティ出張サービスの売上高を100万円から180万円にまで，80％増加させた。

説　明

売上高を示す**客観的な裏付け**を数量の形で追記しました。

　成果を定量的に示しにくい実績の場合は，**顧客からの感謝の声**や，同僚や上司や他部署からの**評判**などを追記するのも一案です。

■ステップ❹　成果を出すために何をしたかという方法や，工夫を追加する

■ 改　善　後

- I increased sales of catering services by 80%, from

121

¥1 million to ¥1.8 million through direct sales, web based marketing and targeted promotions.

　私は，直販やウエブを用いた販売や，対象とする顧客層を絞った販売促進により，パーティ出張サービスの売上高を100万円から180万円にまで，80％増加させた。

説　明

　売上増につなげるために取った手段・工夫とプロセスを追記しました。面接や大学院用のエッセイでは，販売増の努力を相手が想像できるようなエピソードを伝えるのも効果的です。

ステップ ❺　情報量に応じ，箇条書きやつなぎ言葉を利用して，わかりやすく説明する

■　改　善　後

箇条書きを用いた例

- I increased sales of catering services by 80%, from ¥1 million to ¥1.8 million through direct sales, web based marketing and targeted promotions.
  - Developed leads through networking：
  - Followed up to close deals.
  - Built relationships of trust to ensure the continuity of business.

　私は，直販やウエブを用いた販売や，対象とする顧客層を絞った販売促進により，パーティ出張サービスの売上高を100万円から180万円にまで，80％増加させた。

　・　人脈を通じて，拡販の手掛かりを見つけた。
　・　顧客に対して継続して連絡を取り，成約に結び付けた。
　・　信頼関係を築いて，商売が継続するようにした。

つなぎ言葉を用いた例

- I increased sales of catering services by 80%, from ¥1 million to ¥1.8 million through direct sales, web based marketing and targeted promotions. **First,** I developed leads through networking. **Second,** I followed up to close deals. **And finally,** I built relationships of trust to ensure continued business flow.

   私は，直販やウエブを用いた販売や，対象とする顧客層を絞った販売促進により，パーティ出張サービスの売上高を100万円から180万円にまで，80％増加させた。**まず**，人脈を通じて，拡販の手掛かりを見つけた。**次に**，顧客に対して継続して連絡を取り，成約に結び付けた。そして**最後に**，信頼関係を築いて，商売が継続するようにした。

ステップ❻　提出先に応じて，内容等を変更する

■ 改 善 後

レジュメ（英文履歴書）に書く場合の例

- Increased sales of catering services to individuals in Western Japan by 80%, from ¥1 million to ¥1.8 million.

   西日本の個人のお客様に対するパーティ出張サービスの売上高を100万円から180万円にまで，80％増加させた。

■ 説　明

　レジュメでは，限られた紙面を有効活用するために，自明の理である"I"（私は）を省きます。他の書類でも，**記載にあたっての決まりがある場合には，それらに従って書いてください。**

守秘が絡む内容について，伝える場合の例

- Increased sales of catering services to individuals in Western Japan by 80%, as opposed to the goal of a 50% increase.

　西日本の個人のお客様に対するパーティ出張サービスの売上高を目標としていた50％増に対して，80％増加させた。

説　明

取り扱いに注意が必要な内容については，所属組織の**守秘義務**についての決まりなどで，伝えていい範囲を確認してください。この例では，「金額はダメ，比率はOK」という場合を想定しています。

業界が違う人に，伝える場合の例

- Increased sales of catering services to individuals in Western Japan by 80%, versus the industry average of 50%.

　西日本の個人のお客様に対するパーティ出張サービスの売上高を業界平均の50％に対して，80％増加させた。

説　明

金額や増加比率で伝えても，業界が違うと，その価値を相手が理解しづらいことがあります。その場合には，この例のように，「業界の平均増加率との対比」を加えるのも一案です。

改善の手順表

次ページに，これまで見てきた改善の手順を表にまとめました。

第2章　アピール力のある文例―作成方法―

改善の手順表

ステップ1	関連情報を追加する
ステップ2	成果を示す
ステップ3	できる限り，定量的にする
ステップ4	成果を出すために何をしたかという方法や工夫を追加する
ステップ5	情報量に応じ，箇条書きやつなぎ言葉を利用して，わかりやすく説明する
ステップ6	提出先に応じて，内容等を変更する

　ステップに分けて考えなくても，伝えたい文を一挙に作成することができるのであれば，それで構いません。また，用途によっては，不要なステップもあります。たとえば上司には，既に上司が知っている「関連情報」は含めずに，本当に伝えたい要点だけを簡潔にアピールした方が，良いかもしれません。**個々の場面で求められる点を考えながら**，紹介したステップを参考に，アピール力があるメッセージになっているかどうかを確認してください。

　では，「削減」をテーマに，もう一つ例を見てみましょう。

【例2】　費用や工数や在庫などを削減した実績を示す

■ 改　善　前

- My duties included inventory control.
  私は，在庫管理の責任も担っていた。

125

第Ⅲ部　アピール力のある英文

ステップ ❶　関連情報を追加する

■ 改　善　後

- My duties included inventory control of shoes at a warehouse in Nagoya and supervising 5 employees.

　私は，名古屋の倉庫で5名を監督しながら，靴の在庫管理も行う責任を担っていた。

ステップ ❷　成果を示す

■ 改　善　後

- As inventory control manager, I significantly reduced inventory of shoes at a warehouse in Nagoya.

　私は在庫管理のマネージャーとして，名古屋倉庫における靴の在庫を大幅に削減した。

ステップ ❸　できる限り，定量的にする

■ 改　善　後

- As inventory control manager, I reduced inventory of shoes at a warehouse in Nagoya by 30%.

　私は在庫管理のマネージャーとして，名古屋倉庫における靴の在庫を30％削減した。

ステップ ❹　成果を出すために何をしたかという方法や，工夫を追加する

ステップ ❺　情報量に応じ，箇条書きやつなぎ言葉を利用して，わかりやすく説明する

第2章　アピール力のある文例―作成方法―

■ 改 善 後

- As inventory control manager, I reduced inventory of shoes at a warehouse in Nagoya by 30% through the following measures:
  - Identified and deleted the slow moving and/or obsolete items.
  - Established and implemented Asset Management processes.

　私は在庫管理のマネージャーとして，次の手段により，名古屋倉庫における靴の在庫を30％削減した。
  - 動きが遅い，または陳腐化した品目を特定し，破棄した。
  - 資産管理の手順を設定し，実施した。

ステップ ❻　提出先に応じて，内容等を変更する

■ 改 善 後

- As inventory control manager, reduced inventory of shoes by 30%, outperforming the industry average by 10%.

　在庫管理のマネージャーとして，業界平均を10％上回る30％の靴の在庫削減を達成した。

説　明

　レジュメ（英文履歴書）用に，"I"（私は）を省き，また，在庫減の貢献度をよりわかりやすく伝えるために，業界平均との比較を追記しました。

練　習

　「あなた自身の実績を示すアピール文」を作成してください。その後，下記の確認のための表を用いて，作成した英文を確認・改善

127

してみましょう。この表は、改善の手順表を書き換えたものです。誰に対してどういう場面でアピールするのかに応じて、「確認すべき項目」を選択した上で、使ってください。

あなたが作成した英文

```
```

確認のための表

ポイント	確認項目	確認
1	関連情報があるか	
2	成果が書かれているか	
3	できる限り、定量的に書かれているか	
4	成果を出すために何をしたかという方法や、工夫が書かれているか	
5	情報量に応じ、箇条書きやつなぎ言葉を利用して、わかりやすく説明されているか	
6	提出先に応じて内容等が変更されているか	

改善前と改善後の文例

ここからは、ステップは省き、改善前と改善後の文例を、それぞれに適用した改善点と共に、見てみましょう。

第2章　アピール力のある文例―作成方法―

【例1】　関連情報を示す－1
■　改　善　前
- Served as project Manager for three years.
  3年間，プロジェクトマネージャーとして仕事をした。

■　改　善　後
- Involved in a total of over 20 projects during three years, including managing real-estate projects in the USA.
  米国で不動産プロジェクトのマネジメントをすることを含め，3年間で合計20以上のプロジェクトに携わった。

【例2】　関連情報を示す－2
■　改　善　前
- Was responsible for auditing.
  会計監査の責任を担った。

■　改　善　後
- Conducted quarterly and annual audits for all IT projects.
  全てのITプロジェクトについて，四半期と年間の会計監査を実施した。

【例3】　関連情報を示す－3
■　改　善　前
- Have knowledge of project management.
  プロジェクトマネジメントについての知識がある。

■　改　善　後
- Have an understanding of various aspects of project management, including the management of financial aspects

129

and familiarity with PMBOK.

　PMBOKについて熟知しているとともに，財務的な視点も含め，プロジェクトマネジメントについてさまざまな観点からの知識がある。

【例4】　成果を示す−1

■　改　善　前

- Started a donation program.
  寄付活動をスタートした。

■　改　善　後

- Initiated a company-wide donation program that resulted in increased publicity for the company.
  会社全体での寄付活動を始め，会社の知名度を高めた。

【例5】　成果を示す−2

■　改　善　前

- Served as project Manager for xx Project.
  xxプロジェクトをマネージャーとして管理した。

■　改　善　後

- As project Manager for xx Project, ensured that the delivery of products met the required quality standard.
  xxプロジェクトのマネージャーとして，商品が要求された品質基準を充たすようにした。

第2章　アピール力のある文例―作成方法―

【例6】　成果を示す－3
■　改　善　前
- Handled personnel administration.

  労務管理を担当した。

■　改　善　後
- Processed a minimum of 50 applications per week, using a database.

  データベースを用いて，週に最低50通の応募を処理した。

【例7】　成果を示す－4
■　改　善　前
- Served as brand manager of e-commerce marketing for Company X.

  X社の電子商取引マーケティングのブランドマネージャーとして勤務した。

■　改　善　後
- As brand manager of e-commerce marketing for Company X, executed a successful advertisement campaign that won an award from ABC Magazine.

  X社の電子商取引マーケティングのブランドマネージャーとして，広告キャンペーンを成功させ，ABC雑誌から賞を受賞した。

【例8】　成果を示す－5
■　改　善　前
- Received the President's award.

社長賞を受賞した。

■ 改 善 後
- Received the President's award as one of the top five instructors in the company out of 100 instructors.

   社内に100名いるインストラクターの内，上位5位に入るインストラクターとして，社長賞を受賞した。

【例9】 成果を示す－6
■ 改 善 前
- Managed a group of 10 engineers.

   10名のエンジニアを管理した。

■ 改 善 後
- Built up a highly motivated team of 10 engineers by clearly conveying the vision and the mission to the team.

   チームのビジョン（展望）とミッション（使命）を明確に伝えることにより，10名のエンジニアで構成されるチームのやる気を高めた。

【例10】 成果を示す－7
■ 改 善 前
- Had good reputation from customers.

   顧客の評判が良かった。

■ 改 善 後
- A letter of appreciation was received by the management from one of the customers.

   顧客の一人から，感謝状が経営陣に届いた。

【例11】 定量的に示す－1

■ 改　善　前

- Increased sales.

　　売り上げを増加した。

■ 改　善　後

- Accomplished on average 110% of the target sales figures each year.

　　販売目標数値の平均110％を毎年達成した。

【例12】 定量的に示す－2

■ 改　善　前

- Reduced purchase costs of food.

　　食べ物の購入費用を削減した。

■ 改　善　後

- Reduced purchase costs of food down by ¥1.0 million from an annual purchase of approximately ¥10 million.

　　年間約1,000万円の食べ物の購入費用を100万円削減した。

【例13】 定量的に示す－3

■ 改　善　前

- Improved productivity at the plant.

　　工場での生産性を改善した。

■ 改　善　後

- Improved productivity at the plant by 30% in one year through efficient management.

　　効率的な経営により，工場の生産性を1年で30％改善した。

第Ⅲ部　アピール力のある英文

【例14】　成果を出すために行った方法や工夫を示す－1
■ 改 善 前
- Involved in the planning and opening of the hotel as Management in charge of sales.

  販売の責任を持つ管理者として，ホテルの計画と開業に関わった。

■ 改 善 後
- As Management in charge of sales, increased sales by devising and implementing a plan to sell the guest room as a package together with entertainment events.

  販売の責任を持つ管理者として，ショーと合わせて客室を販売する計画を立案・実行し，売り上げを伸ばした。

【例15】　成果を出すために行った方法や工夫を示す－2
■ 改 善 前
- Improved profits.

  利益を改善した。

■ 改 善 後
- Improved profits by reorganizing and restructuring the business units.

  事業単位を再組織化・再構築して，利益を改善した。

【例16】　成果を出すために行った方法や工夫を示す－3
■ 改 善 前
- Improved coordination between the governments.

  政府間の協調を改善した。

第2章　アピール力のある文例―作成方法―

■ 改　善　後
- Improved coordination between the governments by providing more strategic support.

　より戦略的な支援をすることにより，政府間の協調を改善した。

【例17】　成果を出すために行った方法や工夫を示す―4
■ 改　善　前
- Eager to improve myself.

　自分を向上させることに意欲的だ。

■ 改　善　後
- Attended an accounting school for one year on my own initiative for self-improvement.

　自分を向上させるために，自らの意思で，経理の学校に1年間通った。

アピール力のある例文

　ここまでの例で，改善前と後の比較のイメージをある程度，持っていただけたと思います。ここからは，アピール力のある例文を紹介します。それぞれ，「どういった点でアピール力があると言えるのか」を考えてみてください。

- Despite difficult economic conditions, consistently grew business by at least 20 per cent per annum through good customer relations.

　厳しい経済状況にも関わらず，顧客と良い関係を構築するこ

とにより，継続して毎年最低20%，ビジネスを成長させた。

- Reorganized the department and streamlined workflow generating savings of 1 million dollars in 15 months.

  部を再編成し仕事の流れを効率化することで，15カ月で100万ドルの貯蓄金を生み出した。

- Planned and organized a student career day resulting in an attendance of over 200 students.

  学生に職業を考えてもらう集まりを計画・組織化し，200人以上の学生を集めた。

- His shop has won more than 10 awards in the last two years including Best Shop of the Year awards for its outstanding service.

  卓越したサービスにより，彼の店は，最良の店舗賞を含む10以上の賞をこの2年間で受賞した。

- Played a key role in the translation of a 100-page English manual.

  100ページの英語のマニュアルを翻訳するにあたり，主要な役割を果たした。

- Trained and motivated a staff of 10, emphasizing teamwork and focusing on strengths.

  チーム内での協力を力説し，各人の強みに注目しながら10名のスタッフを訓練し，彼らのやる気を高めた。

第2章　アピール力のある文例―作成方法―

3　人や組織の貢献の可能性をアピールする文

用途例
- 所属している組織での昇進・昇格試験用書類や面接
- 転職希望先や研究機関・大学院への応募書類や面接
- 転職や研究機関での研究・大学院への進学希望者のために，上司・教授・知人が書く推薦状

──────── 改善のステップ ────────

【例1】 応募先や所属している組織に対して，どういう貢献ができるのかを示す

■ 改　善　前
- 私は成長したい。

ステップ ❶　自分を中心に考えることをやめる

■ 改　善　後
- I think that I will be able to contribute to your company.
  私は貴社に貢献できると思う。

説　明

「成長したい」という気持ちは本音でしょうが，アピール力を高めるためには，「自分視点」ではなく，「相手視点」に立って，あなたが加わることで，どういう利点が相手にあるのかを考えるようにしましょう。

第Ⅲ部　アピール力のある英文

ステップ❷　弱く聞こえる表現があれば，削除する

■　改善後－例1
- I will be able to contribute to your company.
  私は，貴社に貢献できるだろう。

説　明

控えめな表現が好まれることもありますが，「私はできると思う」という表現では，自信がないように聞こえてしまう場合があります。

■　改善後－例2
- I can contribute to your company.
  私は，貴社に貢献することができる。

説　明

面接で，What can you contribute to this company？（あなたはこの会社に対して何を貢献できるのか）と聞かれた場合は，「今，何をしてもらえるのか」ということを相手が知りたいという意思表示ですから，can（できる）を使って，答えるようにしてください。

ステップ❸　どういった貢献ができるのかを示す

■　改　善　後
- I will be able to contribute to your company by developing high quality products.
  良い品質の商品を開発することにより，私は貴社に対して貢

第 2 章　アピール力のある文例―作成方法―

献ができるだろう。

説　明

　相手が求めていることを確認した上で，伝える内容を決めてください。たとえば，即戦力を求められているのに，「1年後に貢献できます」と言っても効果はありません。その場合には，「今できること」に，注力しましょう。

ステップ ❹　貢献ができると考える裏付けを示す

■ 改 善 後

- Because I have developed over 20 high quality products, I will be able to contribute to your company by developing high quality products

　これまでに20以上もの高品質な商品を開発してきたので，私は高品質な商品を開発して，貴社に貢献できるだろう。

説　明

　「知識やスキルを持っている＝貢献できる」ではありません。「知識やスキル」を活用して成果を出したという「実績」があって初めて，「貢献ができる」ことを示す確かな裏付けとなります。

　たとえば，TOEICの点数が高い方は「英語を聞いたり読んだりする力」は高いでしょうが，「書く力や話す力」が高いかどうかまではわかりません。**英語を用いて何かをした実績**も伝えることができると，英語を使う職場への転職や異動の際のアピール力が高まります。

第Ⅲ部　アピール力のある英文

ステップ ⑤　提出先に応じて，内容等を変更する

■ 改　善　後

- Because I have worked in China for over 10 years, I will be able to contribute to your company by developing products that meet their demands.

　私は，中国で10年以上働いてきたので，中国人の要求に合う商品を開発することで，貴社に貢献できるだろう。

説　明

　アピールする＝自分が提供できる全てのことを伝えることとは違います。相手が必要としないことには触れず，相手の心をつかむ部分に，注力しましょう。

改善の手順表

　これまで見てきた改善の手順を表にまとめました。

ステップ1	自分を中心に考えることをやめる
ステップ2	弱く聞こえる表現があれば，削除する
ステップ3	どういった貢献ができるのかを示す
ステップ4	貢献ができると考える裏付けを示す
ステップ5	提出先に応じて内容等を変更する

　この手順を用いて，別の例を見てみましょう。

【例2】　応募先や所属している組織に対して，どういう貢献ができるのかを示す

■ 改　善　前

- I can gain valuable experience in your organization.

第2章　アピール力のある文例―作成方法―

私は，貴組織で貴重な経験を得ることができる。

ステップ ❶　自分を中心に考えることをやめる

■ 改　善　後

- I feel that I am a good fit for your organization.
  私は，貴組織にふさわしいと感じる。

ステップ ❷　弱く聞こえる表現があれば，削除する

■ 改　善　後

- I am a good fit for your organization.
  私は，貴組織にふさわしい。

ステップ ❸　どういった貢献ができるのかを示す

■ 改　善　後

- I can strengthen the company's reputation in the market place.
  私は会社の市場での評判を高めることができる。

ステップ ❹　貢献ができると考える裏付けを示す

■ 改　善　後

- With the business network I have built up over the past 10 years, I can strengthen the company's reputation in the market place.
  10年以上かけて構築してきたビジネス人脈を活用することにより，私は会社の市場での評判を高めることができる。

141

第Ⅲ部　アピール力のある英文

ステップ ⑤　提出先に応じて内容等を変更する

■ 改　善　後

- With the business network I have built up over the last 10 years, I can establish a new customer base.

　10年以上かけて構築してきたビジネス人脈を活用することにより，私は新しい顧客基盤を構築することができる。

説　明

　応募先が顧客開拓を必要としていると想定した内容に，文面を変えました。

練　習

　「あなた自身ができる貢献を示すアピール文」を作成し，下記の「確認のための表」を使って，確認・改善してみましょう。

　誰に対してどういう場面でアピールするのかに応じて，「確認すべき項目」を選択してください。

あなたが作成した英文

第2章 アピール力のある文例―作成方法―

確認のための表

ポイント	確　認　項　目	確　認
1	自分を中心に考えることをやめているか	
2	弱く聞こえる表現はないか	
3	どういった貢献ができるのかが示されているか	
4	貢献ができると考える裏付けが示されているか	
5	提出先に応じて内容等が変更されているか	

改善前と改善後の文例

　ここからは，ステップは省き，改善前と改善後の文例をそれぞれに適用した改善点と共に，見てみましょう。

【例1】 弱く聞こえる表現があれば，削除する－1
■ 改　善　前
- I may be able to contribute to the university.
  私は，大学に貢献できるかもしれない。

■ 改　善　後
- I trust that I will be able to contribute to the university.
  私は，大学に貢献できると信じている。

【例2】 どういった貢献ができるのかを示す－1
■ 改　善　前
- We can help your sales force.
  我々は，貴社の販売チームを支援することができる。

143

■ 改　善　後
- We can help your sales force to give a more effective presentation.

  我々は，貴社の販売チームがより効果的な発表ができるよう，支援することができる。

【例3】　どういった貢献ができるのかを示す−2
■ 改　善　前
- He will be a great asset to your organization.

  彼は，貴組織に対し，大事な人財になるだろう。

■ 改　善　後
- By providing valuable input based on his vast experience, he will be a great asset to your organization.

  彼は，豊富な経験に基づいた価値ある情報を提供することにより，貴組織に対し，大事な人財になるだろう。

【例4】　貢献ができると考える裏付けを示す−1
■ 改　善　前
- Mr. Aoki is an indispensable member of your management team.

  青木氏は，貴社の経営陣にとって，不可欠なメンバーだ。

■ 改　善　後
- Mr. Aoki, who engages employees to do their best, is an indispensable member of your management team.

  従業員が最善を尽くすよう動機づけている青木氏は，貴社の経営陣にとって不可欠なメンバーだ。

第2章　アピール力のある文例―作成方法―

【例5】　貢献ができると考える裏付けを示す－2
■　改　善　前
- The workshop can be trusted to deliver positive results.
  セミナーは，今後良い結果を出してくれると信じている。

■　改　善　後
- The success of the workshop in stimulating the exchange of ideas show that the organizers of the workshop can be trusted to deliver positive results.
  セミナーを通じてアイデアをうまく出し合えたので，セミナーの開催者は，今後も良い結果を出してくれるだろう。

アピール力のある例文

　ここまでの例で，改善前と後の比較のイメージをある程度は，持っていただけたと思います。これ以降は，アピール力のある例文を紹介します。それぞれ，「どういった点でアピール力があると言えるのか」を考えてみてください。

- My extensive knowledge and over 10 years experience in legal research make me an ideal candidate to fill your opening.
  私は法的な研究において広範囲な知識と10年を超える経験を持っているので，貴社の空きポストにふさわしい候補者です。
- I can help your staff to understand the work process through providing interactive training courses.
  私は，双方向の訓練を提供することで，貴社の社員が仕事の過程を理解するお手伝いをすることができる。

145

第Ⅲ部　アピール力のある英文

- Using our extensive resources, we can make a proposal to your management to help your company assess the market situation and recover market share.

　我々は，貴社が市場状況を分析して市場占有率を奪回するにあたり，広範囲にわたる資源を用いて貴社を支援するという提案を貴社の経営陣にすることができる。

　ここからは，人や組織に代わって，商品・サービスの効果・役立ち度をアピールする文を見てみましょう。商品やサービスを薦める際も，これまで見てきた人や組織を薦める場合と，基本は変わりません。

4　商品やサービスの効果や役立ち度をアピールする文

用途例
- webなどで，商品やサービスをアピールする
- 店頭や会議で会うなどして，商品やサービスを直接アピールする

第2章　アピール力のある文例—作成方法—

改善のステップ

【例1】 商品の良さをアピールする

■ 改　善　前

- This product is very good.

  この商品はとても良い。

ステップ ①　どういう点で良いのかをできる限り，定量的に追加する

■ 改　善　後

- This product will reduce CO_2 emissions by 30% from the 1990 level by 2011.

  この商品は，2011年までに，CO_2の排出量を1990年のレベルから30%削減するだろう。

説　明

効果を定量的に示すことが難しい場合は，商品を使うことで相手の生活がどう変わるのかを相手が想像できるように話をしてあげるといいでしょう。

ステップ ②　良さの根拠となる情報を追加する

■ 改　善　後

- This product will reduce CO_2 emissions by 30% from the 1990 level by 2011, aided by management's endorsement and increased investment in R&D.

  2011年までに，経営陣の支持を得て研究開発費を増やすことにより，CO_2の排出量をこの商品で1990年時点の量から30%

第Ⅲ部　アピール力のある英文

削減することができるようになるだろう。

ステップ ❸　提出先に応じて，内容等を変更する

■ 改 善 後

- This product will minimize the workload in just one year by combining both processes.

  両方の過程を統合することにより，この商品は，1年で仕事量を最小限にするだろう。

改善の手順表

これまで見てきた改善の手順を表にまとめました。

ステップ 1	どういう点で良いのかをできる限り，定量的に追加する
ステップ 2	良さの根拠となる情報を追加する
ステップ 3	提出先に応じて，内容等を変更する

【例2】　店の良さをアピールする

■ 改 善 前

- That restaurant is excellent.

  あのレストランは，素晴らしい。

ステップ ❶　どういう点で良いのかをできる限り，定量的に追加する

■ 改 善 後

- That restaurant offers the best customer service in town.

  あのレストランは町で一番の顧客サービスを提供している。

ステップ ❷　良さの根拠となる情報を追加する

■ 改　善　後

- That restaurant offers the best customer service in town; 70% of their customers are repeat customers.

    あのレストランは，町で一番のお客様サービスを提供している。お客様の70％は，固定客だ。

ステップ ❸　提出先に応じて，内容等を変更する

■ 改　善　後

- That restaurant offers the best Italian cuisine in town.

    あのレストランは，町で一番のイタリア料理を提供している。

練　習

では，あなた自身で，「商品やサービスをアピールする英文」を考えてください。「確認項目」として書き換えた「確認のための表」（下記）を使って，作成した英文を確認・改善してみましょう。

あなたが作成した英文

第Ⅲ部　アピール力のある英文

確認のための表

ポイント	確　認　項　目	確　認
1	どういう点で良いのかが，できる限り定量的に示されているか	
2	良さの根拠となる情報が示されているか	
3	提出先に応じて内容等が変更されているか	

改善前と改善後の文例

　これ以降は，ステップは省き，改善前と改善後の文例をそれぞれ適用した改善点と共に，見てみましょう。

【例1】　どういう点で良いのかが，できる限り定量的に示されている－1

■　改　善　前

- I recommend this car to you.
 この車をあなたに薦めます。

■　改　善　後

- I recommend this car to you because of its affordable price of 1 million yen and good quality.
 100万円と手頃な値段で質もいいので，あなたにこの車をお薦めします。

第2章 アピール力のある文例―作成方法―

【例2】 どういう点で良いのかが,できる限り定量的に示されている―2

■ 改 善 前

- You should buy this book.

  あなたはこの本を購入すべきです。

■ 改 善 後

- You should buy this book because it will solve the question you have.

  この本を読むと,あなたの質問に対する答が得られるので,あなたはこの本を購入すべきです。

【例3】 良さの根拠となる情報が示されている―1

■ 改 善 前

- You should buy this book.

  あなたはこの本を購入すべきです。

■ 改 善 後

- You should buy this book because it has received excellent reviews from many readers and the initial print run sold out within the first month of publication.

  この本は,多くの読者から素晴らしい書評を得て,初版が出版後1カ月以内で完売したので,あなたはこの本を購入すべきです。

【例4】 良さの根拠となる情報が示されている―2

■ 改 善 前

- You should buy this car.

第Ⅲ部　アピール力のある英文

あなたはこの車を購入すべきです。

■　改　善　後

- I recommend this car to you because the test run by Committee A showed that its performance is superior to the products of other companies.

　A委員会が実施した試験で，この車の性能が他社製品の性能よりも優れていることが示されたので，この車をあなたにお薦めします。

アピール力のある例文

アピール力のある例文を紹介します。それぞれ，「どういった点でアピール力があると言えるのか」を考えてみてください。

- We are confident that this solution will meet everything you need to establish a successful online business.

　我々は，この解決策が，オンライン・ビジネスで成功するためにあなたが必要とする全てのことを充たすと確信しています。

- I strongly recommend that you adopt this method because of its proven record overseas.

　海外で成功した実績があるので，この方法をあなたが採用するよう，強くお薦めします。

第 2 章　アピール力のある文例―作成方法―

5　第 2 章についての振り返りと次章について

　この章では，あなたや所属する組織が上げてきた実績とこれからし得る貢献，そして，商品やサービスがどう役に立つのかをアピールするための英文の作成方法を見てきました。次章では，いよいよ，実践力を身につけていただくために，いくつかの場面を想定し，複数の文を使って，話の流れを考えながらアピールする方法を見てみましょう。

第3章

アピール力のある英語表現
―場　面　別―

1 はじめに

　「英語表現を個々には知っているが，それらをどうやって組み合わせて，全体としてアピール力のあるものにしたらいいのかがわからない」という悩みをお持ちの方のために，本章では，いくつかの**場面**を想定し，それぞれで使える表現例と留意点を紹介しています。
　アピール力のある文をばらばらにつなぎあわせても，効果はありません。**構成・論理性・文と文とのつながり**を大事にしながら，各場面に最適な伝え方をする必要があります。
　簡潔に，そして，効果的にメッセージを伝えることが日本の社会でも求められるようになってきている今日，本章で紹介する考え方を，日本語でアピールする際にも活用してください。

第Ⅲ部　アピール力のある英文

2　自分を売り込む場合

　自分を売り込む場合には，どんな場面が想定されるでしょうか。所属している組織内でのアピール（社内異動や，昇進・昇格試験など）と，組織外に新天地を求める場合のアピール（転職や留学など）に，大きく分けることができます。例を見てみましょう。

■　想定される場面の例

組　織　内
- 実績評価のために，上司と面談をする。
- 昇進・昇格審査を受けるために書類を作成し，口頭試験を受ける。
- 社内異動希望先の上司と，面接をする。

組　織　外
- 面接の機会を得るために，レジュメ（英文履歴書）に添付するカバーレター（添え状）を作成する。
- 大学や大学院への出願書類としてのエッセイを作成する。
- 転職や留学を実現するために，面接を受ける。

　上記の場面で総合的に相手に「伝えるべきメッセージ」を考えて，下記に記入してください。

~あなたが考える，伝えるべきメッセージ~

　伝えるべき点は，「あなたを合格させる・採用することで，相手が得ることができる利点」です。「成長したい」というあなたの気持＝「自分目線の考え方」から，「相手のニーズをあなたがどうやって充たすことができるのか」＝「他人目線の考え方」への転換を図ってください。そのためには，書類を書き始めたり面談に臨んだりする前に，**事前準備を万全に行うこと**が，欠かせません。

　では，ケースごとに，具体的な留意点を見てみましょう。

添え状や，昇進・昇格試験用の応募書類での留意点

1　相手についての情報を集める

　相手が属している業界・組織，競争相手との関係，提供している商品やサービス・必要としていること（どんな貢献ができる人を何のために求めているのか）などをウエブや人脈を使って調べてください。

2　相手が知りたいことを想定する

　あなたを合格させる，あるいは採用するかどうかを検討するにあたって相手が知りたいことが何なのか，調べた情報を基に想定してください。

第Ⅲ部　アピール力のある英文

■ **相手が知りたいことの例**

> - 評価に値すべき実績を上げたのか。
> - 昇進・昇格させるに値すべき実績を上げたのか。
> - 昇進・昇格させた後，期待に応える働きをしてくれそうか。
> - 他の応募者と比較して，どういう点で優れているのか。
> - 新しい仕事で，あるいは学生として，どんな付加価値を提供し，貢献をしてくれそうか。
> - 組織のメンバーや大学・大学院の同級生と協調してうまくやっていけそうな人物なのか。

3　経験・知識・人脈・実績・強みを棚卸し，相手の要望と合うものを確認する

ご自分がこれまでに蓄えてきたことを一度整理してください。楽な作業ではありませんが，リストを作成しそれぞれのレベルを把握することで，自分自身のことがよくわかるようになります。また，相手の要望のどの部分を充たすことができるのかが明確になります。

4　伝えるべき点を整理する

資格・スキル・能力・実績は，これからの活躍を保証するものではありません。以下の2つの点をメッセージに含めることで，So what？（それがどうしたの？）という相手の問いに答えられるようにしてください。

> - どうやって，持っている資格・スキル・能力や実績を用いて，相手が求めていることをうまく充たすことができるのか。

> - 新しいメンバーとして，組織に貢献したいという熱意。

5　効果的で，魅力的な伝え方を考える

　応募書類であれ，面談や面接の場であれ，相手の関心をひきつけ，先を読んでみたい，もっと話を聴いてみたいと思ってもらわなければなりません。そのために，冒頭部分で**応募の目的**と，応募者としての**適性**を伝えましょう（違う構成の方が効果的な場合もありますので，場面に応じて適宜変えてください）。

　次に，応募者としての適性の**裏付け**となる情報を定量的に，あるいは，エピソードで伝えます。「この人は，確かに，応募者としてふさわしそうだ」と相手を納得させることができたら，次に，どんな**貢献**ができるのか，また，したいのかという**意欲**を伝えます。

　この後は，添え状などの応募書類では，**相手に対する要望**（面接の機会を提供して欲しい）を述べ，最後に，**検討してくれることに対するお礼**を伝えて締めくくります。面接や面談の場合も，最後にお礼を伝える機会があれば，相手に与える印象は良くなります。まとめると，次の構成になります。

冒頭部分でのつかみ（応募の目的と，応募者としての適性）
　　⇒　適性の裏付けと意欲
　　⇒　相手への面接の要望
　　⇒　お礼

　では，実際にいくつかの例で，この構成を見てみましょう。

第Ⅲ部　アピール力のある英文

■ 例1

1 応募の目的と，応募者としての適性を伝える

- I am interested in the position of Project Manager with AA Group. My experience is an excellent match for the qualities described in your advertisement.

　私はAAグループで，プロジェクトマネージャーとして仕事をすることに関心があります。私の経験は，貴社が人材募集広告の中で応募者に求めている点に，よく合致しています。

2 応募者としての適性の裏付けとなる情報を定量的に，あるいは，エピソードで伝える

- Examples of my accomplishments in this area are as follows:
  - Supervised over 10 construction management projects in the USA.
  - Succeeded in managing projects by keeping in close contact with the local office.

　この分野において私は，次のような実績をあげてきました。
  - アメリカで，10以上の建設プロジェクトを監督した。
  - 地域の事務所と密接に連絡を取ることにより，プロジェクトをうまく管理した。

3 どんな貢献ができるのか，また，したいのかという意欲を伝える

- I am eager to apply my skills in the development of your projects.

　私は貴社で，プロジェクトの開発に貢献したいという熱意を持っています。

4 相手に対する要望を伝える

- I would welcome the opportunity to meet with you to discuss how I can contribute to your organization.

  私が貴組織に対してどんな貢献ができるかについて、お目にかかってお話をする機会がいただければ、嬉しいです。

5 検討してくれることに対するお礼を伝える

- I appreciate your consideration.

  検討してくださることに、感謝します。

■ 例2

1 応募の目的と、応募者としての適性を伝える

- Your position of Brand Manager in your Brand Management Department strongly appeals to me because my qualifications are a perfect fit for the requirements of the position.

  私の資格は、貴社のブランドマネジメント部のブランドマネージャー職にぴったり合致しているので、その仕事に強い関心を持っています。

2 応募者としての適性の裏付けとなる情報を定量的に、あるいはエピソードで伝える

- I am confident that I can improve your brand image because I have over 10 years of successful experience in this field. My credentials include:

  私はこの分野で10年以上もの間成功を収めてきましたので、貴社のブランドイメージを向上できると確信しています。私の資格には、次のようなものがあります。

3　どんな貢献ができるのか，また，したいのかという意欲を伝える

- I hope to have the chance to make valuable contributions as part of your team.

　私は，貴社のチームの一員として，価値ある貢献をすることを希望しています。

4　相手に対する要望を伝える

- I would appreciate the opportunity to further discuss the expertise I would bring to your company.

　貴社に対して私がどんな専門性を提供できるかについて，さらにお話をする機会をいただければ，有り難いです。

5　検討してくれることに対するお礼を伝える

- Thank you for your consideration, and I look forward to hearing from you.

　検討してくださることに感謝します。ご連絡をお待ちします。

練　習

　実際に応募書類を作成し，下記の表1に書かれた留意点を充たしているか，そして，表2に書かれた構成になっているかどうかを確認してみてください。

第3章　アピール力のある英語表現―場面別―

表1　留　意　点

項　　　　　目	確　認
相手についての情報を集める	
相手が知りたいことを想定する	
経験・知識・人脈・実績・強みを棚卸し，相手の要望と合うものを確認する	
伝えるべき点を整理する	
効果的で，魅力的な伝え方を考える	

表2　メッセージの構成

項　　　　　目	確　認
冒頭部分でのつかみ （応募の目的と，応募者としての適性）	
適性の裏付けと意欲 （定量的に，あるいは，エピソードで）	
相手への面接の要望	
お礼	

面接や面談の場での留意点

　面接や面談の場合は応募書類と違って，**相手との双方向のやり取りが発生します**。したがって，ここでのポイントは，想定問答集を作成して，質問にスムーズに，自信を持って答えることができるよう，何回も練習することです。特に母国語でない英語で行う場合は，繰り返し練習することが欠かせません。

　ここでは，代表的な質問例を取り上げて，どういうふうに回答したら効果的になるのかを考えてみましょう。

163

第Ⅲ部　アピール力のある英文

■ 例1　応募している仕事との適合性を問う質問と回答

質問の例

- Please tell us why you think you are a good fit for this position.

  あなたがこの仕事に適任だと考える理由を説明してください。

- Why do you feel you are qualified for this position?

  あなたはなぜ，この仕事に適任だと考えているのでしょうか。

回答の例

- I believe I am a good fit for this position for three main reasons. First, I have sufficient experience in the field with an outstanding track record of achievements. Second, I have a wide ranging network that will help me expand sales. And finally, I truly believe in the benefits your products have on society, and thus, I have a strong motivation to raise awareness of your products.

  私は主に3つの理由から，このポジションに適任だと確信しています。まず，私はこの分野で十分な経験と卓越した実績を持っています。次に，売り上げの拡大につながる幅広い人脈があります。そして最後に，私は貴社製品が社会に有益だと信じており，製品の認知度を高めたいと強く希望しています。

ポイント

一般的に，米国人が好む伝え方です。適任だと考える理由が3つあると冒頭で述べ，それぞれをFirst（最初に），Second（二番目に），And finally（そして最後に）という言葉で結んで，順番に説明しています。

■ 例2　応募の理由を問う質問と回答

質問の例

- Why do you wish to apply for this position ?
  なぜ，この仕事に応募したいのですか。
- Why did you decide to apply for this position ?
  なぜ，この仕事に応募することを決めたのですか。

回答の例

- I am applying for this position because I meet the necessary qualifications. I have 10 years' experience training people with diverse backgrounds and have received on average a score of 4.5 on a scale of 1 to 5, with 5 being the best. Furthermore, I am impressed by your mission to inspire people to do better and I would welcome the opportunity to work for your organization.

  必要な資格を充たしているので，この仕事に応募します。私は経歴が異なる人々を10年間訓練し，5段階評価で平均4.5の高評価を得てきました。さらに，人々を鼓舞するという貴社の使命に感銘を受けており，貴組織で働く機会を希望します。

ポイント

4.5の評価という具体的な実績で条件を充たしていることを示すだけでなく，そこで働きたい理由にも言及しています。

■ 例3　強みと，弱みを問う質問と回答

質問の例

- What are your strengths and weaknesses ?
  あなたの強みと弱みは，何ですか。

回答の例

- One of my greatest strengths is my planning skills. I have repeatedly demonstrated my ability to set goals and achieve them even under tight deadlines. On the other hand, my weakness is English conversational skills. I have been taking private lessons once a week since last September, and I am starting to see improvements.

  最も顕著な強みは，計画するスキルです。厳しい締め切りが設定された場合でも，目標を設定し，何度も繰り返しそれを達成してきました。一方弱みは，英語の会話力です。昨年9月から一週間に一回個人レッスンを受け始めた結果，上達してきているのを実感しています。

ポイント

「強みはxxです」で終わるのではなく，具体的にどうスキルを使ってきたのかを追記しています。また，弱みを改善すべく，努力をしていることを伝えています。

■ 例4　貢献を問う質問と回答

質問の例

- What contributions can you make to this company ?
  あなたはこの会社に対して，どんな貢献ができますか。

回答の例

- By making use of my creative skills, knowledge, and experience, I can produce a quality product for clients. And with an understanding of the Western culture, I can xx.

  創造的な技能，知識と経験に基づき，顧客のために良い品質

の商品を作ることができます。そして，西洋文化をよく理解しているので，私はxxができます。

ポイント

貢献できる3つの領域を伝えた後，それぞれの領域についての説明をすることで，わかりやすい構成になっています。

3 知人や部下を売り込む場合

依頼を受け，転職・留学を希望する組織に対して知人を売り込む場合も，また，昇進・昇格審査の場で部下を売り込む場合も，自分を売り込む場合と考え方は同じです。

■ 想定される場面の例

> 組 織 内
> ● 部下が昇進審査を受けるための書類を作成する。
> 組 織 外
> ● 依頼を受け，大学や大学院への出願書類の一つであるRecommendation Letter（推薦状）を作成する。

上記のような書類で伝えたいメッセージは，以下になります。

第Ⅲ部　アピール力のある英文

> - 仕事などを通じて，本人をよく知る立場にあり，推薦者としてふさわしい。
> - なぜ，本人を推薦するのか。
> - 留学や昇進が決まった場合，組織に対して，本人がどういう貢献ができるのか。
> - そう考える根拠は何か。

では，メッセージをどうやって伝えるかを見てみましょう。

■ 例1　部下が昇進審査を受けるための書類

- I would recommend that Sato be promoted to Associate Professor. I have known him for the last 10 years and I continue to be impressed by his leading-edge research and teaching skills and his commitment to the profession. I believe that as Associate Professor, Sato will serve as a role model to students and inspire them to set high goals and accomplish those goals.

　佐藤を准教授に推薦します。彼のことを10年間知っていますが，彼の最先端の研究と指導スキル，そして職業に対する専念ぶりに強い印象を受けてきました。私は佐藤が准教授として学生のお手本となり，学生が高い目標を設定しそれらを達成するよう学生のやる気を起こさせると信じています。

■ 例2　大学や大学院への Recommendation Letter （推薦状）

- I recommend Mr. Tanaka to your MBA program for his

168

outstanding performance in finance. I have known Tanaka for 3 years in my role as General Manager. I believe Tanaka will contribute to your program by actively sharing his vast knowledge with his classmates.

　私は貴MBAプログラムに，財務の仕事で秀でた実績を上げてきた田中氏を推薦します。私は部長として田中を3年間見てきました。私は田中が，彼の広範囲な知識を積極的に級友たちと共有することで，貴校のプログラムに貢献するだろうと，確信しています。

4　サービスや商品を売り込む場合

　サービスや商品を売り込む場合には，どんな場面が想定されるでしょうか。

■　想定される場面の例

- 直接会って売り込む。
- DM（ダイレクトメール）などのe-mailを送る。
- Webなどでアピールする。

　上記の場面で相手に「伝えるべきメッセージ」を考えて，下記に記入してください。

〜あなたが考える，伝えるべきメッセージ〜

　伝えるべき点は，サービスや商品を売り込む場合も，人を売り込む場合と考え方は同じです。最も伝えるべきことは，あなたが薦めるサービスや商品の Value（価値）―それを選ぶことで，どんな利点が相手にあるのか―です。Value の例としては，収入増や費用の削減により，利益を増やすことがあげられます。

　では，場面ごとに，具体的な留意点を見てみましょう。

直接会って売り込む際の留意点

1　そのサービスや商品を使わない＝「現状維持でいい」という考えがあることを理解する

　人を売り込む場合は，「人が必要」という相手のニーズがあって，それに応える形が一般的です。したがって，その場合には，相手の必要としていることに合わせて，売り込みたい人の優位性をアピールすることが中心となりました。一方，サービスや商品の場合は，「それらを使わないという選択肢がある」場合も少なくありません。

　たとえば，販売店への来店者の全員が，「車を購入しよう」と決めた上で来店しているわけではありません。「どんな新車が出たか興味があるから，ちょっと見にきた」という方もいます。そういう方に対して，他社製品に対する自社製品の優位性をいきなりアピールしても効果はありません。

第3章　アピール力のある英語表現―場面別―

2　「自分目線」⇒「他人目線」で相手のことを知る

「現状維持でいい」という考えを変えてもらうためには，相手の状況や考えを知る必要があります。一方的に話すのではなく，「聴く」姿勢を持ち，「相手がなぜ来店したのか」その背景を理解するようにしましょう。ここでは，「質問力」が問われます。

3　あなたが薦めるサービスや商品を使う利点が，現状維持の利点を上回ることを理解してもらう

「今のままでいい」と思っている方に「買うことを検討する」気持ちになってもらうためには，「買うという選択肢が，投資を上回るいい結果をもたらす」ということを納得してもらわなければなりません。

そのためには，「サービスや商品を使っている状態・使った後の状態」が想像できるように，ストーリーで伝えるのも一案です。本人が思いつかなかったような世界を描くことができれば，アピール力は高まります。たとえば，ある医療機器メーカーは，「その機器を使うことで，身体が元気だった子供の頃のような状態に戻ることができる」というアピールをしています。

4　買うにあたっての障害になっているものを解消することを考える

相手がサービスや商品の利点を理解し，買いたいという気持ちになったとしても，実際に買うという行為までには通常障害があります。資金面以外にも，物を置く場所やアフターサービスなど，相手の状況に応じていろいろありますので，それらをどうやって解消できるかを考えましょう。この時に，相手と一緒になって考えること

171

第Ⅲ部　アピール力のある英文

ができたら，理想的です。

留意点を「確認のための表」として，まとめておきましょう。

表1　留　意　点

項　　　　目	確　認
そのサービスや商品を使わない＝「現状維持でいい」という考えがあることを理解する	
「自分目線」⇒「他人目線」で相手のことを知る	
あなたが薦めるサービスや商品を使う利点が，現状維持の利点を上回ることを理解してもらう	
買うにあたっての障害になっているものを解消することを考える	

では，実際にお客様が医療機器の販売店に来店したと想定して，これらの留意点を反映すると，どういう形になるのかを見てみましょう。

■　お客様が，医療機器の販売店に来店した場合
1　そのサービスや商品を使わない＝「現状維持でいい」という考えがあることを理解する
店　員

- How can I help you?
  いらっしゃいませ。ご用件は？

お客様

- I was just passing by and saw your sign, "You can experience for free!" So, I decided to come in and have a look around.

第3章 アピール力のある英語表現－場面別－

たまたま通りかかって「無料体験」のサインを見かけたので，中の様子を見ようと思って入ってみました。

2 「自分目線」⇒「他人目線」で，相手のことを知る
店　員
- Thank you. Here you can experience what it is like to be without physical pain. Do you have any physical pain anywhere?

　ありがとうございます。ここでは，身体の痛みがない状態を体験していただけます。どこか痛むところはありますか。

お客様
- I have a stiff shoulder.

　肩が凝ります。

3 あなたが薦めるサービスや商品を使う利点が，現状維持の利点を上回ることを理解してもらう
店　員
- You have come to the right place! Please give us 20 minutes of your time, and we will show you what it feels like not to have a stiff shoulder.

　ぴったりの場所に来られました！20分お時間をいただければ，肩凝りがないのはどんな感じかを体験していただけます。

173

4　買うにあたっての障害になっていることを解消することを考える（お客様が買いたいという気持ちを固めた後で）

店　員

- Let's see if we can work together to solve your payment problems. How about we offer you the installment plan?

　　支払い面での問題を一緒に解決できないか，考えてみましょう。分割払いというのは，いかがでしょうか。

宣伝の e-mail を送る際の留意点

1　e-mail を読んでみようと思う気にさせる

　大量に届く e-mail の中から，あなたのメールを読んでもらうためには，件名（タイトル）と，最初の文に工夫が求められます。「単なる売り込みか」と，読み飛ばされてしまわないように，読み手の興味をそそり，「書かれている内容について，もっと知りたい」という気持ちに働きかけるような件名と最初の文を考えてみましょう。

　Give me one good reason why I should read your e-mail（あなたのメールを読むべきちゃんとした理由を教えて）という問いに答えられる文が理想的です。

2　時には質問も活用しながら，課題を提示する

　質問は強力です。**適切な質問**をすることで，「一方的に書かれたメール」という位置づけから，「相手との擬似的な双方向のやり取り」という位置づけに変わります。

3　課題に対する解決策を提示する

　Challenge vs. Solution（課題 対 解決策）という構図が大事です。Your Challenge, Our Solution. Contact Us.（あなたの課題、我々の解決策。連絡を待っています）と書かれた広告を見かけたことがありますが、印象に残りました。

4　課題を解決する策の利点を伝え、それが投資に見合うことを示す

　解決策を提示する際には Is it worth my money and time?（それは、私のお金と時間を費やす価値があるものなのか）という相手の問いに答えなければなりません。限られたお金と時間というリソースをあなたが売り込みたいものに割いてもらう必要があるからです。

5　早期購入（採用）を促す

　なぜ今、購入したほうが良いのか、その理由を説明しないと、決断を先送りされてしまいかねません。早期購入割引や一定の先着購入者向け限定販売など、さまざまな手段が考えられます。

6　購入（採用）にあたって、相手が感じる障害を低くする

　相手が購入に踏み切れない理由があるとしたら、それを解消してあげないかぎり、購入にはつながりません。事前に障害を想定して、それらを解消するようなメッセージを組み込むことができると、効果的です。

第Ⅲ部　アピール力のある英文

e-mail でも，相手がHTMLメールを受け取ることを了承している場合には，文字情報以外の情報も送付できますので，画像や配色や配置などを工夫して，アピール力を増しましょう。

表1　サービスや商品を売り込む際の e-mail の留意点

	項　　　目
1	メールを読んでみようという気にさせる
2	時には質問も活用しながら，課題を提示する
3	課題に対する解決策を提示する
4	課題を解決する策の利点を伝え，それが投資に見合うことを示す
5	早期購入（採用）を促す
6	購入（採用）にあたって，相手が感じる障害を低くする

では，実際にいくつかのメールの例文で，これらの留意点がどのように反映されているのかを見てみましょう。

■ 例1

1　メールを読んでみようという気にさせる

- An Astounding Fact

  驚くべき事実

2　時には質問も活用しながら，課題を提示する

- Why?

  なぜ？（なぜ，そういう事実があるのでしょうか？）

- One reason is increase in stress.

  理由のひとつが，ストレスの増加です。

3　課題に対する解決策を提示する

- Where can you find the solution?

第3章 アピール力のある英語表現一場面別一

解決策をどこで見つけることができるのでしょうか。
- From Y.
  Yで，それを見つけることができます。
- How can you get the solution?
  解決策をどうやって得ることができるのでしょうか。
- Here is how you can get it.
  どうやって得ることができるのかをお伝えしましょう。

4 課題を解決する策の利点を伝え，それが投資に見合うことを示す

- This solution will help you to reduce stress, and it is worth every penny you pay.
  あなたがストレスを軽減するのに，この解決策は役立ちます。支払い金額に見合うだけの十分な価値があります。

5 早期の行動（購入）を促す

- You will receive $100 off the price if you respond before July 4th.
  7月4日までに申し込むと，$100の割引を受けることができます。

6 購入（採用）にあたって，相手が感じる障害を低くする

- The product also has a 30 day money back guarantee.
  この商品には，30日間の返金保証もついています。

■ 例2

1 e-mail を読んでみようという気にさせる

- I am very excited for you to read today's e-mail. Follow along and you'll see why.

第Ⅲ部　アピール力のある英文

　　　今日のメールをあなたにぜひとも読んでもらいたいです。
　　メールを読んでいただければ，その理由がわかります。

2　時には質問も活用しながら，課題を提示する

- What would you pay for a solution which will solve the problem?

　　問題を解決してくれる策に，いくらなら支払いますか？

- There are people who would pay thousands of dollars.

　　解決策のために，何千ドルもの金額を支払う人がいます。

3　課題に対する解決策を提示する

- Now imagine what it would be like if you could obtain this machine.

　　この機械が入手できた時の状態を想像してみてください。

4　課題を解決する策の利点を伝え，それが投資に見合うことを示す

- Now, for the first time ever, you can receive this machine which will bring you much benefits for JUST $49!

- 今なら，わずか49ドルで，多くの利点があるこの機械を入手することができます！これは，今までになかった申し出です。

5　早期の行動（購入）を促す

- You will receive discounts if you purchase by the end of the month.

　　今月末までに購入していただけると，割引を受けることができます。

6 購入（採用）にあたって，相手が感じる障害を低くする

- Right now, we are offering a free trial.

    今なら，無料でお試しいただけます。

■ 例3
1 e-mail を読んでみようという気にさせる

- Read the story about the spam mail.

    迷惑メールについての話を読んでみてください。

2 課題に対する解決策を提示する

- If you've been experiencing a problem with spam mails, our internet services could be just what you need.

    もし，これまで迷惑メールで問題を経験されてきたことがあるとすれば，あなたに必要なのは，まさに弊社のインターネット・サービスです。

3 早期の行動（購入）を促す

- An incredible one-day only opportunity!

    これは，今日限りの素晴らしいチャンスです。

4 購入（採用）にあたって，相手が感じる障害を低くする

- When you register for our internet services, we offer you free 30-day memberships.

    弊社のインターネット・サービスに登録すると，30日間無料でメンバーになることができます。

■ 例4
1 時には質問も活用しながら，課題を提示する

- Which type of person are you, A or B? Most people would

fall into the first type.

あなたはAタイプですか。それともBタイプですか。大抵の方々は，Aタイプになるでしょう。

2 課題に対する解決策を提示する

- I have good news for you.
いいお知らせが，あります。
- You don't have to be type A for the rest of your life. You can change.
生涯Aタイプであり続ける必要はありません。あなたは変わることができるのです。
- I am offering you an opportunity to change.
変わることができるチャンスをあなたに提供します。

3 課題を解決する策の利点を伝え，それが投資に見合うことを示す

- It will be one of the most valuable weeks of your life.
あなたにとって人生で最も価値ある一週間になるでしょう。

4 早期の行動（購入）を促す

- Are you ready now to move forward?
さあ，行動を起こす準備ができていますか。
- You will receive discounts if you register for my training by the end of this week.
今週末までに私の訓練に登録していただけると，割引を受けることができます。

5 購入（採用）にあたって，相手が感じる障害を低くする

- You can get a PREVIEW of the training by clicking on the link below.

第3章　アピール力のある英語表現—場面別—

下記のリンクをクリックすることで，訓練の予告編を見ることができます。

■ 例5

1　e-mailを読んでみようという気にさせる

- I understand your company is facing a problem in the market.

  貴社は，現在，市場で問題に直面していると理解しています。

2　課題に対する解決策を提示する

- Our product can help you solve your problem.

  弊社の商品を使うことで，貴社が抱えていらっしゃる問題を解決することができます。

3　課題を解決する策の利点を伝え，それが投資に見合うことを示す

- If our product improved the performance of your sales force by 10%, that increase would cover the cost of your investment.

  弊社の商品で貴社の販売力を10%改善することができたとしたら，弊社の商品に対する貴社の投資費用を埋め合わせることができます。

4　購入（採用）にあたって，相手が感じる障害を低くする

- Our product is $1,000 with no hidden handling charges.

  我々の商品は，1,000ドルです。手数料はかかりません。

第Ⅲ部　アピール力のある英文

■ 例6

1　e-mail を読んでみようという気にさせる

- Outperform the competition.
  競合企業をしのぎましょう。

2　時には質問も活用しながら，課題を提示する

- What is the fastest way to outperform the competition?
  競合企業をしのぐのに，一番早い方法は何ですか。

3　課題に対する解決策を提示する

- Invest in your career. Gain a qualification in X.
  あなたの職歴をより良いものにすることに投資をして，Xの資格を得ましょう。

4　課題を解決する策の利点を伝え，それが投資に見合うことを示す

- Those with X earn 20% more than those without the qualification.
  Xの資格を所有している人々は，その資格を持っていない人と比べ，収入が20％も高いです。

5　早期の行動（購入）を促す

- Get your X this year. It will change your life.
  Xの資格を今年取りましょう。あなたの人生が，変わります。

6　購入（採用）にあたって，相手が感じる障害を低くする

- We will be with you every step of the way until you obtain your qualification.
  あなたが資格を得るまで，すべての段階で我々が支援します。

第3章　アピール力のある英語表現―場面別―

Webサイトなどで，アピールする際の留意点

　直接相手に送付する e-mail と違い，webサイトの場合は，まず，アクセスをしてもらわないと，人の目に触れることがありません。
　E-mail やツイッターのメッセージにリンク先としてwebサイトのURLを追記したり，グーグルなどの検索エンジンで検索されたりしやすいよう，工夫してください。

5　政策・組織・アイデア・考えをアピールする場合

　グローバル社会の中で，日本の政策・組織の戦略や，個人のアイデア・考えを英語でアピールする必要性が増えています。想定される場面を取り上げながら，その際の留意点と例を見てみましょう。

■　想定される場面例

- 日本の政策をグローバル社会に向かってアピールする。
- 自分や組織のアイデアや考えを，国際会議や研究発表の場やメディアを通じて，アピールする。
- 自分が属する組織の存在価値をアピールする。

こういった場面で、相手に「伝えるべき主要なメッセージ」は何でしょうか。あなたが考える、伝えるべき主要なメッセージを下記に記入してください。

~あなたが考える、伝えるべき主要なメッセージ~

最も伝えるべきことは、「政策や組織、あるいは、アイデアや考えがどのような価値を提供しているのか」ということです。これまで見てきたように、「誰に対してか」を考慮した上で、スポットライトをあてるべき価値を選び、相手の琴線に触れる形でメッセージを伝えることが重要です。では、伝える際にどんな点に留意すればいいのかを具体的に見てみましょう。

1 相手がどういう価値を求めているのかを知る

「日本の政策をグローバル社会に向かってアピールする」際には、グローバル社会が日本に対して何を望んでいるのか、を知ることが出発点です。それなしに、日本ができることだけを伝えても、アピールにはなりません。

「自分や組織のアイデアや考えをアピールする」際にも、その場に適切な内容であり、発言が新たな視点を提供するなど、会議の進行や研究の進展に寄与するメッセージであることが、望ましいです。

また、ニュースとしての価値がないと、どれだけ報道発表を送っても、メディアで取り上げてもらうことはできません。

「組織の存在価値をアピールする」ためには、その組織が提供す

る価値が，その組織を維持することにかかる人的・物的・資金的費用を上回る必要があります。

2　相手が理解し，納得できる形で，伝える

どんなに素晴らしい政策やアイデアや考えであったとしても，またどんなに貴重な価値を提供していたとしても，相手が理解し，納得できる形で伝えることができないと，採用されなかったり，注目されない縁の下の力持ちで終わったりしてしまいます。

日本人はこれまで，「相手が理解し，納得できる形で伝える」ための訓練を受けてこなかったので，グローバル社会で損をしていることが多いです。ぜひ，**伝える技術を磨きましょう**。

そのために，たとえば，次の表のような構成を用いるといいでしょう。「要点⇒詳細説明⇒要点」の流れです。

政策や組織，あるいは，アイデアや考えをアピールする場合の構成（例）

1	どういう点で価値があるのか，一言で要約して伝える
2	なぜ価値があると言えるのか，その理由を価値の内容も説明しながら伝える
3	話を要約する形で，再度，「どんな価値があるのか」を伝える

では，一連の流れをいくつかの例で見てみましょう。

■　例1

1　どういう点で価値があるのか，一言で要約して伝える

- Our idea will dramatically reduce the stress suffered by your employees.

第Ⅲ部　アピール力のある英文

我々のアイデアは，貴社の従業員のストレスを劇的に減らします。

2　なぜ価値があると言えるのか，その理由を価値の内容も説明しながら伝える

- We have tested our idea in an experimental implementation at Corporation X. It reduced the stress level of their 100 employees on average by 30% in 6 months. Furthermore, it ...

我々のアイデアをX株式会社で実験的に試してみたところ，従業員100人のストレスレベルを6カ月で平均30%減らすことができました。さらにそれは…

3　話を要約する形で，再度，「どんな価値があるのか」を伝える

- In summary, the implementation of our idea will result in a less stressed workplace.

つまり，我々のアイデアを実施することで，職場のストレスが軽減されるのです。

■ 例2

1　どういう点で価値があるのか，一言で要約して伝える

- Japan's policy to support X will assist the global community in responding to the challenges of the global crisis.

Xを支援するという政策の実施を通じて，日本は，グローバル社会が世界的規模の危機に対応できるよう，支援します。

第3章 アピール力のある英語表現－場面別－

2 なぜ価値があると言えるのか，その理由を価値の内容も説明しながら伝える

- Specifically, Japan will support the effort to help the poor. This support is vital to the ability of the global community in responding to the challenges of a changing environment.

  変化する環境にグローバル社会が対応するために，具体的には，日本は，貧しい人々を助ける活動を支援します。この支援は，極めて重要です。

3 話を要約する形で，再度，「どんな価値があるのか」を伝える

- For the reasons mentioned in this paper, Japan's policy to support the effort to help the poor should be implemented so that the global community could respond better to a changing environment.

  この論文で記述した理由により，変化する環境にグローバル社会がよりよく対応できるよう，貧しい人々を助ける活動の支援政策を日本は実行すべきです。

■ 例3

1 どういう点で価値があるのか，一言で要約して伝える

- Our organization has provided valuable input to the development of stakeholders.

  我々の組織は，利害関係者を開拓するにあたり，価値ある情報を提供してきました。

2 なぜ価値があると言えるのか，その理由を価値の内容も説明しながら伝える

- Through our service, our clients have been able to build a

187

strong stakeholder network. This in turn, has resulted in increased business for our organization.

　我々が提供してきたサービスにより，我々の顧客は，利害関係者の間に強固な人脈を構築することができました。このことにより，我々の組織に対する依頼が増えました。

3 話を要約する形で，再度，「どんな価値があるのか」を伝える

- Thus, our organization undoubtedly plays an important role in increasing sales of the company.

　このようにして，我々の組織は紛れもなく，会社の売上向上に，重要な役割を果たしています。

■ 例4

1 どういう点で価値があるのか，一言で要約して伝える

- Our organization has been instrumental in outsourcing our accounting services.

　我々の組織は，会計業務を外部委託することに貢献しました。

2 なぜ価値があると言えるのか，その理由を価値の内容も説明しながら伝える

- Our organization analyzed the work processes carried out by 30 people in detail and made recommendations on outsourcing.

　我々の組織は，30人が行っていた業務の過程を詳細に分析し，外部委託の提案を行いました。

3 話を要約する形で，再度，「どんな価値があるのか」を伝える

- We report that as a result of this outsourcing, our organization has reduced the company's expenses by 10%.

この外部委託により，我々の組織は，会社の費用を10％削減することができました。

あ と が き

　本書の出版にあたり多くの方々のお世話になりました。
　まず，本を出版する環境が大変厳しいものになっている中で，本書を出版する機会を与えてくださった税務経理協会の皆さまに深くお礼を申し上げます。
　特に，峯村英治部長には，寺澤執筆の『英文履歴書ハンドブック』・『英文履歴書文例集』・『英文履歴書のカバーレター』，寺澤と井上の共著『英文自己ＰＲと推薦状～磨こう！自己アピール力』に続いて，大変お世話になりました。
　心構えの章は，筆者の知り合いのかたがたの経験を参考にさせていただきました。多くの方の集合知をまとめたものが，心構えの章です。
　最後に，久美子サイクスから頂いた助言に，心よりの感謝を申し上げます。

2010年6月吉日

　　　　　　　　　　　　　　　　　　　　寺　澤　　　惠
　　　　　　　　　　　　　　　　　　　　井　上　多恵子

著者紹介

寺澤　恵（てらざわ・めぐむ）
- 【主な経歴】　一橋大学卒，三井物産勤務（在米13年，コロンビア大学大学院，Dale Carnegie Course：New Yorkを履修し，米国三井物産ＶＰ），千葉経済大学教授などを経て英文履歴書コンサルタント「レジュメプロ」代表。（ホームページは，レジュメプロで検索可能）
- 【関連著書】　『英文履歴書ハンドブック』，『英文履歴書文例集』，『英文履歴書のカバーレター』（税務経理協会）
- 【関連共著】　『英文自己ＰＲと推薦状～磨こう！自己アピール力』（税務経理協会）（共著者：井上多恵子）
『プロが教える英文履歴書の書き方～自己分析から面接まで』（ＤＨＣ）（共著者：井上多恵子）

井上多恵子（いのうえ・たえこ）
- 【主な経歴】　米国在学，一橋大学，海外勤務を経て現在ソニー株式会社勤務。レジュメプロ副代表。東北大学　高度技術経営塾で講義（グローバル時代のコミュニケーション），学生から社会人まで，数多くの英語指導経験。
- 【関連執筆】　朝日新聞 asahi.com「Don't hold back－想いを英語に託せば」他Webサイトや雑誌の執筆
- 【関連資格】　ＴＯＥＩＣ　985点，英検一級，通訳案内業（英語）
JCDA認定CDA
Diploma in Journalism, Macleay College, Australia

著者との契約により検印省略

平成22年8月1日 初版第1刷発行	**心をつかむ英語アピール力** ―表現力向上の秘訣―

著　者	寺　澤　　　　惠 井　上　多　恵　子
発行者	大　坪　嘉　春
印刷所	税経印刷株式会社
製本所	株式会社 三森製本所

発行所　東京都新宿区　株式　税務経理協会
　　　　下落合2丁目5番13号　会社
郵便番号 161-0033　振替 00190-2-187408　電話(03)3953-3301(編集部)
　　　　　　　　　FAX(03)3565-3391　　　　(03)3953-3325(営業部)
URL http://www.zeikei.co.jp/
乱丁・落丁の場合はお取替えいたします。

Ⓒ 寺澤　惠・井上多恵子 2010　　　　　　　　Printed in Japan

本書を無断で複写複製（コピー）することは、著作権法上の例外を除き、禁じられています。本書をコピーされる場合は、事前に日本複写権センター（JRRC）の許諾を受けてください。
JRRC(http://www.jrrc.or.jp　eメール:info@jrrc.or.jp　電話:03-3401-2382)

ISBN978-4-419-05487-8　C2034